Cancro Oroscopo 2025

Alina Rubi

Pubblicato in modo indipendente

Tutti i diritti riservati © 2025

Astrologa: Alina Rubi

A cura di: Alina Rubi e Angeline Rubi

rubiediciones29@gmail.com

Nessuna parte di questo annuario 2025 può essere riprodotta o trasmessa in qualsiasi forma o con qualsiasi mezzo elettronico o meccanico. Comprese fotocopie, registrazioni o qualsiasi altro sistema di archiviazione e recupero di informazioni, senza la previa autorizzazione scritta dell'autore.

Chi è il cancro? 7
Personalità Cancro 8
Oroscopo generale del Cancro 10
    Amore 11
    Economia 13
    Salute 14
    Date importanti 15
    Oroscopo mensile Cancro 2025 17
Gennaio 2025 17
Numeri fortunati 17
Febbraio 2025 18
Numeri fortunati 19
Marzo 2025 20
Numeri fortunati 20
Aprile 2025 21
Numeri fortunati 21
Maggio 2025 22
Numeri fortunati 22
giugno 2025 23
Numeri fortunati 23
luglio 2025 24
Numeri fortunati 24
Agosto 2025 25
Numeri fortunati 25

settembre 2025	26
Numeri fortunati	26
Ottobre 2025	27
Numeri fortunati	28
Novembre 2025	29
Dicembre 2025	31
Numeri fortunati	31
Le carte dei tarocchi, un mondo enigmatico.	32
Il Mondo, Tarocchi per il Cancro 2025	35
Colore fortunato	36
Cancro	38
Portafortuna	39
Quarzo fortunato per il 2025	42
Cancro al quarzo fortunato /2025	45
Compatibilità con il Cancro e segni zodiacali	47
Cancro e vocazione	61
Le migliori professioni	61
Segnali con cui non dovresti fare trading	61
Segni di partnership con	62
El Stress. Un ostacolo sulla strada verso il 2025	63
Narcisismo digitale	67
Luna nel segno del Cancro	71
L'importanza del Segno Ascendente	73
Cancro in aumento	78
Ariete – Ascendente Cancro	79
Toro – Ascendente Cancro	80

Gemelli – Ascendente Cancro 80

Cancro – Cancro ascendente...81

Leone – Ascendente Cancro 82

Vergine – Cancro in ascesa..83

Bilancia – Ascendente Cancro...83

Scorpione – Ascendente in Cancro 84

Sagittario – Cancro in ascesa 84

Capricorno – Ascendente Cancro...85

Acquario – Ascendente Cancro...86

Pesci – Ascendente Cancro..86

Aldilà 88

Malocchio, maledizioni e invidie 100

Possessioni psichiche...101

Connessioni psichiche 102

Anime 103

Sintomi di un attacco di energia 104

Sistema di immunità energetica...104

L'Aura..105

Rimozione del blocco del bagno 107

Bagno per attirare l'armonia in casa...107

Bagno contro l'invidia...107

Bagno fortunato...108

Bibliografia 109

Circa l'autore...110

Chi è il cancro?

Data: dal 22 giugno al 22 luglio

Giorno: lunedì

Colore: Bianco, Argento

Elemento: Acqua

Compatibilità: Toro, Pesci

Simbolo: ♋

Modalità: Cardinale

Polarità: Femmina

Pianeta dominante: Luna

Alloggiamento: 4

Metallo: Prata

Quarzo: Pietra di Luna, Perla, Quarzo Rosa,

Costellazione: Cancro

Personalità Cancro

L'intelligenza emotiva del Cancro è incomparabile, è  un segno estremamente empatico. Hanno un'intuizione acuta, motivo per cui sono i più protettivi dell'intero zodiaco, motivo per cui sono protettivi per eccellenza.

Sono sempre attenti e disponibili a soddisfare le esigenze degli altri, anche se questo significa mettersi in secondo piano.

È emotivo e affettuoso, amichevole e sa essere cauto quando necessario. A loro piace la loro casa e i bambini, la loro casa è come un nido, un rifugio dove possono andare quando lo stress li travolge.

Hanno un'ottima memoria, soprattutto per gli eventi personali e i ricordi d'infanzia che sono in grado di rievocare nei minimi dettagli. Vivono condizionati dai loro ricordi del passato e dalla loro immaginazione del futuro.

Sono ottimi fornitori e lavorano meglio quando vengono lasciati soli senza che nessuno cerchi di aiutarli con il loro lavoro al lavoro.

Trattano il loro lavoro nello stesso modo in cui trattano le loro case. Proteggono il loro status professionale e spesso occupano posizioni importanti. Sono leali, si aspettano lealtà e trattano i loro dipendenti come una famiglia.

Amano ricevere numerosi complimenti dagli altri, sono ambiziosi, si offendono facilmente e vengono allusi in molte situazioni in cui non c'è motivo per farlo.

Sono ottimi trader, a loro piacciono i soldi, hanno i loro risparmi e nessuno sa quanto hanno. Sono un po' diffidenti quando si tratta di iniziare una relazione d'amore, prestano molta attenzione a questa situazione perché hanno paura di farsi male, ecco perché non si lasciano trasportare dai loro sentimenti o passioni, poiché prima devono assicurarsi di stare con la persona giusta per rischiare tutto per tutto, Perché danno i loro sentimenti, la loro fiducia e il loro amore senza riserve.

Sono molto dettagliati e romantici, quando hanno un partner, non permettono a nessuno di intralciare la loro relazione, nemmeno di dare loro consigli su come affrontarla o cosa è meglio in ogni momento.

Oroscopo generale del Cancro

Le maree cosmiche dell'anno 2025 promettono di essere un periodo trasformativo e arricchente per il Cancro. Quest'anno, i pianeti ti danno opportunità di crescita e armonia. Le stelle hanno in serbo per te grandi sorprese. La tua vita avrà grandi cambiamenti e molte opportunità per la tua crescita professionale, incontri romantici e viaggi. Tuttavia, l'anno presenta anche alcune sfide, soprattutto durante i periodi di eclissi. È necessario affrontare questi cambiamenti con un approccio ottimista.

Gli allineamenti planetari ti porteranno ad avere un equilibrio tra l'amore e la tua professione. Avrai a che fare con alcuni conflitti difficili da affrontare. Tuttavia, è un momento perfetto per avere alcune conversazioni, che hai evitato, con il tuo partner.

È un anno di introspezione emotiva e di promozione di connessioni profonde e significative. È letteralmente un invito astrale ad abbracciare la vostra profondità emotiva. Tutto ciò richiederà che tu navighi nei tuoi sentimenti con coraggio e resilienza. La tua empatia e intuizione innate ti guideranno attraverso qualsiasi avversità.

Abbraccia l'energia trasformativa delle Eclissi e usa i periodi di riflessione per approfondire la tua autoconsapevolezza e nutrire la tua crescita personale. Voi siete una potente forza di saggezza emotiva, e i pianeti stanno cospirando per aiutarvi a coltivare una vita di profonda auto-compensazione.

L'anno sarà un po' frenetico per te perché inizia con Marte retrogrado nel tuo segno fino al 23 febbraio. Marte può portarti molta energia, ma il retrogrado porta frustrazione. Cerca sfoghi sani per lo stress.

Le Lune piene amplificheranno la tua energia emotiva e possono creare più sfide. Le Lune Nuove ti costringeranno a fare le scelte giuste.

Entro la fine dell'anno, sarai pronto per iniziare la ricerca di una casa o per trasferirti ufficialmente.

Amore

I Cancro nelle relazioni impegnate vivranno un anno di profonda intensità emotiva. Le eclissi causeranno cambiamenti o aggiustamenti nelle tue relazioni. Se sei single, il tuo carisma ti renderà più facile attrarre potenziali partner che apprezzano la tua empatia. Tuttavia, è importante che tu stia attento a non diventare possessivo.

Il 2025 è un periodo di romanticismo, in cui sperimenterai un'intimità e una connessione più profonde con il tuo partner ideale. Cupido sarà il tuo braccio destro e le tue passioni profonde.

Per alcuni, un caro amico può diventare il loro partner.

Una comunicazione efficace è vitale per la sopravvivenza delle tue relazioni, specialmente durante i periodi retrogradi di Mercurio. Quando sorge rabbia, gelosia o risentimento, accettalo per quello che è, ma esplora anche sotto la superficie. Altrimenti, rattopperai solo tagli superficiali e non sarai mai in grado di guarire le ferite più importanti. Mentre rifletti, dedica alcune cellule cerebrali per ottenere maggiore chiarezza sul motivo per cui questa persona ti caccerà fuori dalla tua mente.

Plutone avrà un impatto sulla tua area emotiva durante tutto l'anno e sarai in grado di prendere sul serio i tuoi legami emotivi o rafforzare quelli esistenti.

Le Lune Nuove ti faranno sentire totalmente comprensivo nei confronti di coloro che ti sono più vicini. Le lune piene ti renderanno più romantico e affettuoso. Abbassa la guardia e mostra i tuoi sentimenti. Dare tutto se stessi è il segreto per vivere eternamente nell'amore.

Se sei single, la solitudine può darti serenità, ma assicurati di non isolarti. Le passeggiate nella natura, soprattutto vicino all'acqua, possono darti il riposo di cui hai bisogno.

Economia

Il vostro carattere diligente quest'anno comincerà a dare i suoi frutti. Continua a stabilire sistemi per lavorare in modo efficiente e garantire il tuo reddito di base. Potresti ancora pagare un debito, ma presto ne uscirai.

Le opportunità fluiranno vicino alle Eclissi. Approfittane per mostrare la tua creatività sui social media o collaborare con qualcuno e avviare un'attività. Puoi viaggiare in più città durante quest'anno o lavorare con clienti provenienti da diverse parti del mondo.

Concentrati sulla costruzione di una base stabile e sul completamento di un progetto che hai in sospeso. È essenziale che tu sia paziente e pianifichi tutto molto bene. La sua sensibilità intrinseca e l'attenzione ai dettagli gli serviranno bene quest'anno.

I Cancro daranno impulso alla loro professione nell'anno 2025, ricordate che i percorsi non convenzionali vi porteranno ai vostri obiettivi. Quest'anno sarà molto motivato, quindi è sicuro del successo. Marte ti spingerà e ti darà l'energia e la potenza per rimanere in cima.

Trova persone le cui competenze completano le tue e poi sincronizza i tuoi superpoteri.

Le camere vi ameranno durante quest'anno. Se non ti senti a tuo agio davanti a un obiettivo, fai ciò che il tuo segno sa fare meglio: esercitarti verso la perfezione.

Mercurio retrogrado può causarti problemi finanziari, è importante che tu sia consapevole della tua economia e prenda decisioni intelligenti con i tuoi soldi. Le Lune piene si concentrano sulla finalizzazione dei piani finanziari, sulla rimozione dei blocchi e sul rilascio di alcune risorse. New Moons può aiutarti a fare soldi in modi che hai già fatto prima.

Salute

Prenditi cura delle tue ossa, della tua pelle e dei tuoi denti. Visita un chiropratico, un dermatologo o un dentista quest'anno. Sporcati le mani con la prevenzione. Se ti è stato detto di stare in piedi o di usare il filo interdentale, fallo. Il legame tra il cibo e il tuo umore sarà evidente, devi cambiare la tua dieta, optare per cibi antinfiammatori o provare il digiuno intermittente.

I multivitaminici, o integratori naturali, faranno in modo che la giusta nutrizione raggiunga le tue cellule. Le eclissi causeranno cambiamenti legati alla tua salute, quindi dovresti rivalutare il tuo stile di vita. Dieci Stressarsi e stare lontano dalle tensioni è molto importante. Durante i periodi di Mercurio retrogrado, la tua salute può essere influenzata in un modo o nell'altro. Lo stress sarà il problema che ti perseguiterà di più durante l'anno a causa del superlavoro. Prenditi cura del tuo sistema digestivo, evita i cibi che causano gastrite.

Date importanti

13 gennaio - Luna piena in Cancro

24 febbraio - Fine di Marte retrogrado in Cancro

8 giugno - Il mercurio entra in Cancro

9 giugno - L'ingresso di Giove in Cancro

21 giugno - Ingresso del Sole (Solstizio d'Estate)

25 giugno – Luna Nuova in Cancro

31 luglio - Venere entra nel tuo segno

11 novembre - Inizia Giove retrogrado in Cancro

Oroscopo mensile Cancro 2025

Gennaio 2025

Il segreto del suo successo? La loro sensualità, certo, ma anche la loro sensibilità e la loro capacità di entrare in empatia con i bisogni degli altri. Questo sarà particolarmente vero questo mese.

Anche a livello professionale ci si può aspettare grandi successi, anche se sicuramente ci vorrà un po' di pazienza per raccogliere i frutti dei propri sforzi.

In ogni caso, la sicurezza che mostrerai gioca a tuo favore. Non cambiare la tua formula vincente!

In amore farai bene. Sarà un mese felice in amore. Se hai un partner, è il mese giusto per sposarsi; Se sei già sposato, è il momento giusto per avere figli, poiché godi di una fertilità insolita.

Se sei solo, è probabile che tu trovi un partner, sai molto bene cosa vuoi, quindi quando quella persona si presenterà la riconoscerai. Vuoi qualcuno intelligente ed empatico come te. Vuoi che parlino la tua lingua. Se un progetto è stato interrotto, questo viene sbloccato. Avrai molta creatività artistica.

Numeri fortunati
6, 12, 18, 26, 33

Febbraio 2025

Questo mese dovrai controllare il tuo personaggio, per evitare di litigare con la tua famiglia. Cerca di parlare con affetto e calma. Non sono i tuoi nemici.

Questo può trovare la sua anima gemella. In tal caso, potrebbe essere il pezzo mancante per completarlo. Quando sei con quella persona, ti sentirai completo per la prima volta nella tua vita. Tieni i piedi per terra mentre inizi questa relazione.

Il tuo cervello sta liberando alcune delle tue idee più creative; quindi, tieni a portata di mano carta e penna per annotare ciò che stai pensando. Trasformalo in qualcosa di tangibile e inizia a lavorare per ottenere il massimo beneficio possibile.

Dopo il 12, non lasciare che qualcuno che non vuole vederti interferisca bene nella tua vita personale, questa persona potrebbe aver generato invidia in te senza una ragione apparente; quindi, non preoccuparti di compiacere coloro che non ti amano.

La tua relazione manca di passione e l'altra persona lo sta rilevando. Probabilmente non ti diranno nulla, ma lo noterai dai loro atteggiamenti.

Nella finanza e negli affari, dovrai essere eccessivamente cauto alla fine del mese.

Numeri fortunati
3, 11, 14, 18, 29

Marzo 2025

Hai una grande capacità di lottare per ciò che vuoi, e hai messo gli occhi su qualcuno in particolare, prenditi la briga di conquistarlo, vedrai che alla fine tutto andrà bene.

È un mese speciale per prendere decisioni importanti riguardo al denaro, hai una somma risparmiata ed è ora di fare qualcosa con esso. Si consiglia di fare un piccolo investimento che consenta di moltiplicare quei soldi in un breve periodo di tempo. Scoprirai una nuova attività che non hai ancora esplorato.

Non lasciare che le persone che ti devono dei soldi li tengano, è bene riavere indietro ciò che hai, anche se non sei interessato a entrare in conflitto con gli altri per questioni di soldi.

Prenditi cura del tuo corpo questo mese, stai abusando delle tue ore di riposo. Stai anche trascurando importanti nutrienti che possono aiutarti ad avere più energia.

Numeri fortunati
24, 25, 30, 31, 34

Aprile 2025

Questo mese dovresti iniziare ad essere più presente nella tua casa, le persone che vivono con te potrebbero iniziare a risentirsi della tua assenza, prova a condividere con i tuoi cari, non te ne pentirai.

È un buon mese per l'amore, se sei single è probabile che qualcuno inizi a parlarti e ti dia segni di interesse al di là di una semplice amicizia, non aver paura di esplorare i tuoi sentimenti.

Vivrai un momento romantico con la persona che ami, preparerai una cena romantica, il tuo partner ti ringrazierà e sarà un bene per entrambi e questo rafforzerà l'amore che avete, non ve ne pentirete.

Un evento inaspettato ti darà il coraggio di prendere decisioni legate alla tua qualità di vita e a quella della tua famiglia, devi pensare attentamente a cosa andrai a fare.

Alla fine del mese si verificheranno eventi imprevisti al lavoro. Se riesci a gestirli correttamente, il tuo prestigio professionale crescerà agli occhi dei tuoi capi. È tutta una questione di volontà e perseveranza, e tu hai molte di queste qualità.

Numeri fortunati
2, 11, 12, 13, 23

Maggio 2025

Un mese molto buono per chi vuole riorganizzare la propria casa, avrete tempo per ridipingere tutto come meglio credete.

È un mese ideale per godersi la famiglia e le persone che ami, non devi pensare che avrai sempre tutto il tempo del mondo da condividere con loro.

Questo mese dovrai fare un investimento di denaro inaspettatamente, non avere rimpianti, lo riavrai in poco tempo.

Devi essere consapevole dei segni dell'amore, non è bene stare senza compagnia per così tanto tempo, non è bene abituarsi al ritmo della vita da single, puoi prendere molto affetto per questo status.

Non sei attento nel tuo lavoro, questo potrebbe sorprenderti, probabilmente un errore che hai commesso molto tempo fa sta mostrando le sue conseguenze. Non preoccuparti perché sarai in grado di superare qualsiasi ostacolo. Hai solo bisogno di tempo e pazienza. Il problema è che questa situazione genererà un senso di sconfitta e correrai il rischio di depressione. Non essere pessimista ed evita di tormentarti.

Numeri fortunati
11, 13, 22, 23, 24

giugno 2025

Questo mese dovresti iniziare a intraprendere azioni reali in modo da poter ottenere ciò che vuoi, se non ti impegni non ci sarà alcuna ricompensa.

Probabilmente avrai una riunione di lavoro che prevede la condivisione di idee e soluzioni con altri che stanno cercando di raggiungere il tuo stesso obiettivo. Devi avere la capacità di ascoltare l'opinione di tutti ed esporre i tuoi pensieri, rispetta e sarai rispettato.

Riceverai ottime notizie sui soldi dopo il 19, sarà una cosa molto buona, concediti e regala qualcosa alla tua famiglia.

Alla fine del mese, troverete il tempo per riflettere e le opportunità di cambiamento. Cogli l'occasione per coltivare la tua pazienza e trovare chiarezza in ogni situazione. Anche se potresti non sentirti al massimo livello di ispirazione, abbi fiducia che questo periodo passerà e tornerai al tuo stato di concentrazione e creatività.

In amore, sarà un periodo di decisioni importanti. Se hai affrontato una delusione, prenditi del tempo per riflettere sui tuoi sentimenti e sulle tue priorità.

Numeri fortunati
4, 26, 27, 32, 35

luglio 2025

Questo mese avrai molte opportunità per far progredire la tua economia, ma saprai come sfruttarle o lasciarle passare. Niente panico perché al lavoro circoleranno voci di licenziamenti. Tuttavia, niente di tutto questo dovrebbe preoccuparti, perché avrai una protezione speciale che ti terrà al sicuro da qualsiasi inconveniente.

In amore, la donna è lì da molto tempo, vuoi porre fine alla tua relazione romantica, ma per paura di ferire quella persona che è stata così buona con te, hai deciso di rimanere in silenzio. I pianeti ti consigliano di non lasciare che il senso di colpa ti immobilizzi. Se non provi più amore, dovresti dirglielo. Se è stato buono con te, merita un motivo in più per essere sincero. Usa la tua libertà per decidere cosa vuoi fare della tua vita.

Devi essere molto attento ai segnali che il destino ti darà riguardo a qualcosa di importante che non hai fatto. Non dovresti abbassare le braccia di fronte a ciò che non puoi gestire. Devi pensare a come dovrai affrontare i soldi che hai in questo momento, hai avuto spese impreviste, non lasciare che la vita ti metta a dura prova in questa materia.

Numeri fortunati
4, 7, 9, 26, 29

Agosto 2025

Questo mese puoi usare la tua immaginazione e creatività per creare qualcosa di meraviglioso. Devi tornare al tuo centro per trovare la pace di cui hai bisogno. Devi tenere presente che non è sempre possibile ottenere tutto ciò che ti sei prefissato di fare nel tempo che desideri.

È importante che tu sappia cogliere le opportunità che si presentano all'orizzonte, sono un po' lontane, ma non lasciare che gli ostacoli continuino a rallentarti.

In amore dovresti lasciare le attività di routine, scambiarle con cose eccitanti per ravvivare la tua relazione. Se avessi un problema da comunicare con il tuo partner, dovresti sederti con lui e dirgli cosa ti sta succedendo con calma e rispetto.

C'è una guerra in corso e non c'è modo di evitarla. Ci sono buone probabilità che ti troverai proprio sulla linea di fuoco. Cerca di metterti in un punto in cui hai una visione completa dell'argomento in ogni momento. È probabile che qualcuno voglia renderti la vita difficile, questa avversione che questa persona ha nei tuoi confronti è qualcosa di comune sul posto di lavoro.

Numeri fortunati
8, 19, 22, 26, 34

settembre 2025

Questo mese, la mancanza di una comunicazione efficace può portare a incomprensioni, risentimenti e allontanamento nella tua relazione d'amore. Questo accade perché non sai come esprimere le tue esigenze, non ascolti o ricorri a critiche costanti. Ricorda che non saper affrontare le discussioni in modo costruttivo può portare ad accumulare risentimento e rendere difficile la risoluzione dei problemi. C'è ancora tempo. Cerca di capire il punto di vista dell'altra persona senza giudicarla. Parla dei tuoi sentimenti, paure e aspettative riguardo al denaro senza incolpare l'altro e stabilisci un budget realistico che includa tutte le tue entrate e uscite. Se agisci impulsivamente e non ti fermi a fare questa pianificazione, puoi pagare un costo elevato.

Se ti senti scoraggiato, non dimenticare che l'attività fisica è un ottimo antidepressivo naturale e aiuta a ridurre lo stress. Cerca di dormire le tue ore, perché la mancanza di sonno può aumentare lo stress. Assicurati di dormire a sufficienza ogni notte e mantieni anche una dieta equilibrata. Limita la caffeina e l'alcol. Queste sostanze aumentano l'ansia e rendono difficile dormire.

Numeri fortunati
10, 14, 22, 31, 36

Ottobre 2025

L'energia astrale di questo mese suggerisce un tradimento imminente. Anche se la vita gli ha regalato momenti di grande gioia, sta arrivando un momento in cui la fiducia di una persona a lui vicina può essere seriamente compromessa. Un segreto nascosto può venire alla luce, causandoti profonda delusione, oppure un'azione o un'omissione può farti mettere in discussione la lealtà di qualcuno di cui ti fidi completamente.

Tuttavia, i pianeti indicano che sta arrivando una svolta inaspettata nella tua situazione finanziaria. Preparati a ricevere un afflusso di denaro che potrebbe cambiare i tuoi piani dopo il 19 di questo mese. Un familiare, un amico o un conoscente potrebbe sorprenderti, oppure il denaro che pensavi di aver perso potrebbe riapparire inaspettatamente. La tua fortuna può fare una svolta di 180°.

Probabilmente deciderai di acquistare un animale domestico o adottarne uno. Gli animali domestici apportano numerosi benefici alla nostra salute fisica e mentale, prendersi cura di un animale ci insegna responsabilità, empatia e pazienza.

Probabilmente proverai un profondo dolore emotivo per la perdita di una persona cara, sentirai una grande assenza nella tua vita e un senso di vuoto.

Numeri fortunati
2, 16, 21, 31, 32

Novembre 2025

Questo mese, la perdita di fiducia e l'eccitazione nella tua relazione possono causarti profonda tristezza e desolazione. Potresti avere paura di fidarti di nuovo di qualcuno e sviluppare insicurezze nelle relazioni future.

Al lavoro, tutte le tue azioni saranno influenzate da un evento improvviso. Sarai troppo distratto e potresti commettere errori. È consigliabile concentrarsi con enfasi su ciò che si sta facendo per evitare complicazioni con i propri capi a causa della propria negligenza. Non lasciare che gli eventi del passato, o i traumi infantili, inizino a presentarsi, hai tutto dalla tua parte per essere in grado di gestire tutto ciò che ti accade.

Qualcuno ha bisogno di parlarti urgentemente. È una persona che cerca un consiglio, o il tuo consiglio, su qualcosa che fai come lavoro, se puoi offrire i tuoi servizi per farlo senza paura.

Questo mese vorrai comprare un'auto. Cerca un veicolo adatto alle tue esigenze quotidiane. Dai priorità alla sicurezza e al comfort. Potreste sentirvi dire che un vostro figlio ha problemi di disobbedienza o difficoltà a relazionarsi con i suoi coetanei o insegnanti.

Numeri fortunati

5, 7, 11, 18, 25

Dicembre 2025

Questo mese, il tuo spirito avventuroso ti incoraggerà a uscire dalla tua zona di comfort ed esplorare nuove opportunità di lavoro. Con la tua capacità di connetterti con gli altri, la tua apertura mentale e il tuo spirito, hai il potenziale per raggiungere il successo in un'ampia varietà di campi.

Cerca di bilanciare l'avventura con la stabilità nella tua vita amorosa. Mentre ti piace esplorare nuove esperienze, hai anche bisogno di un senso di sicurezza nella tua relazione. Mantieni i tuoi interessi e le tue amicizie fuori dalla relazione.

Dopo la metà del mese, quando scegli l'abito perfetto per le vacanze, la tua mente vagherà verso le potenziali destinazioni esotiche che potresti visitare se la fortuna ti sorride e vinci un premio della lotteria.

Stabilisci obiettivi impegnativi e sviluppa strategie dettagliate per raggiungere i tuoi obiettivi per il 2026 dimostrando determinazione e perseveranza.

Numeri fortunati
4, 5, 25, 28, 32

Le carte dei tarocchi, un mondo enigmatico.

La parola Tarocchi significa "via regale", è una pratica antica, non si sa esattamente chi abbia inventato i giochi di carte in generale, né i Tarocchi in particolare; Ci sono le ipotesi più diverse a riguardo. Alcuni dicono che sia nato in Atlantide o in Egitto, ma altri credono che i tarocchi siano venuti dalla Cina o dall'India, dall'antica terra degli zingari, o che siano arrivati in Europa attraverso i Catari.

Il fatto è che le carte dei tarocchi distillano simbolismo astrologico, alchemico, esoterico e religioso, sia cristiano che pagano.

Fino a poco tempo fa alcune persone menzionavano la parola "tarocchi": era comune immaginare uno zingaro seduto davanti ad una sfera di cristallo in una stanza circondata dal misticismo, oppure pensare alla magia nera o alla stregoneria, oggi questo è cambiato.

Questa antica tecnica si è adattata ai nuovi tempi, si è unita alla tecnologia e molti giovani ne provano un profondo interesse.

I giovani si sono isolati dalla religione perché ritengono che non troveranno la soluzione a ciò di cui hanno bisogno, si sono resi conto della dualità della religione, cosa che non accade con la spiritualità.

Su tutti i social network troverete resoconti dedicati allo studio e alle letture dei tarocchi, poiché tutto ciò che riguarda l'esoterismo va di moda; infatti, alcune decisioni gerarchiche vengono prese tenendo conto dei tarocchi o dell'astrologia.

La cosa notevole è che le predizioni che di solito sono legate ai tarocchi non sono le più ricercate, ciò che è legato alla conoscenza di sé e ai consigli spirituali è il più richiesto.

I tarocchi sono un oracolo, attraverso i suoi disegni e colori, stimoliamo la nostra sfera psichica, la parte più recondita che va oltre il naturale. Molte persone si rivolgono ai tarocchi come guida spirituale o psicologica, poiché viviamo in tempi di incertezza e questo ci porta a cercare risposte nella spiritualità.

È uno strumento così potente che ti dice concretamente cosa sta succedendo nel tuo subconscio in modo che tu possa percepirlo attraverso la lente di una nuova saggezza.

Carl Gustav Jung, il famoso psicologo, usava i simboli dei tarocchi nei suoi studi psicologici. Ha creato la teoria degli archetipi, dove ha scoperto una vasta quantità di immagini che aiutano nella psicologia analitica.

L'uso di disegni e simboli per fare appello a una comprensione più profonda è spesso usato in psicoanalisi. Queste allegorie fanno parte di noi, corrispondono a simboli del nostro subconscio e della nostra mente.

Il nostro inconscio ha zone scure e quando usiamo tecniche visive possiamo raggiungere diverse parti di esso e rivelare elementi della nostra personalità che non conosciamo.

Quando riesci a decodificare questi messaggi attraverso il linguaggio pittorico dei tarocchi, puoi scegliere quali decisioni prendere nella vita per creare il destino che desideri veramente.

I tarocchi con i loro simboli ci insegnano che esiste un Universo diverso, soprattutto oggi dove tutto è così caotico e si cerca una spiegazione logica per tutte le cose.

Il Mondo, Tarocchi per il Cancro 2025

La carta Mondo indica la fine di un livello, la fine di una situazione, e una fine porta sempre a un inizio. Una fine porta a un inizio e questo porterà a un cambiamento.

Questa carta ti ricorda di superare le tue dualità, i conflitti, gli antagonismi, le contraddizioni, le opposizioni e le divisioni. Dovete unire in voi le forze opposte, e affinché si uniscano, dovete prima accettarle. Accettate le vostre forze di luce e le vostre forze oscure. In questo modo, sarai libero.
È legato al successo dovuto agli sforzi compiuti. Un segno del destino che il positivo attrae cose benefiche. El Mundo ti regalerà molte cose positive nel 2025, successo e viaggi.

Colore fortunato

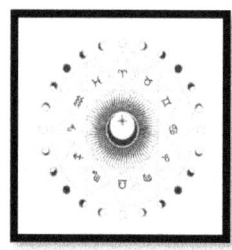

I colori ci influenzano psicologicamente; Influenzano il nostro apprezzamento delle cose, l'opinione su qualcosa o qualcuno e possono essere usati per influenzare le nostre decisioni.

Le tradizioni per dare il benvenuto al nuovo anno variano da paese a paese, e la notte del 31 dicembre bilanciamo tutti gli aspetti positivi e negativi che abbiamo vissuto nell'anno a venire. Abbiamo iniziato a pensare a cosa fare per trasformare la nostra fortuna nel nuovo anno che si avvicina.

Ci sono diversi modi per attirare energie positive verso di noi quando diamo il benvenuto al nuovo anno, e uno di questi è indossare o indossare accessori di un colore specifico che attrae ciò che vogliamo per l'anno che sta per iniziare.

I colori hanno cariche energetiche che influenzano la nostra vita, per questo è sempre consigliabile accogliere l'anno vestiti di un colore che attragga le energie di ciò che vogliamo realizzare.

Per questo ci sono colori che vibrano positivamente ad ogni segno zodiacale; quindi, la raccomandazione è di indossare abiti con la tonalità che attirerà prosperità, salute e amore nel 2025. (Puoi indossare questi colori anche durante il resto dell'anno per occasioni importanti o per valorizzare le tue giornate.)

Ricorda che anche se la cosa più comune è indossare biancheria intima rossa per passione, rosa per amore e gialla o oro per abbondanza, non fa mai male attaccare al nostro outfit il colore che più avvantaggia il nostro segno zodiacale.

Cancro

Porpora

Il viola è un colore davvero potente e intenso.

Le persone reagiscono al viola più di quanto si possa pensare. Questo colore ti aiuterà a mantenere l'amore e la gentilezza.

Il viola è associato alla regalità, alla ricchezza e alla magia. È un colore molto potente.

Il colore viola stimola la creatività, la spiritualità e l'indipendenza.

Questa maestosa tonalità avrà anche un effetto calmante sul tuo pubblico, le persone si sentiranno più calme quando ti vedranno.

Il viola è un ottimo colore se hai un lavoro molto stressante, poiché riduce l'irritabilità. È un colore che fornisce stabilità ed energia.

È associato alla saggezza e alla creatività e ti permetterà anche di assorbire buona energia, fortuna e abbondanza.

Portafortuna

Chi non possiede un anello portafortuna, una catena che non si toglie mai o un oggetto che non darebbe per nulla al mondo? Tutti attribuiamo un potere speciale a determinati oggetti che ci appartengono e questo carattere speciale che assumono per noi li rende oggetti magici. Affinché un talismano possa agire e influenzare le circostanze, il suo portatore deve avere fede in esso e questo lo trasformerà in un oggetto prodigioso, capace di esaudire tutto ciò che gli viene chiesto.

Nel senso quotidiano, un amuleto è qualsiasi oggetto che promuove il bene come misura preventiva contro il male, il danno, la malattia e la stregoneria.

I portafortuna possono aiutarti ad avere un anno 2025 pieno di benedizioni a casa, al lavoro, con la tua famiglia, attirare denaro e salute. Affinché gli amuleti funzionino correttamente, non dovresti prestarli a nessun altro e dovresti averli sempre a portata di mano.

Gli amuleti esistono in tutte le culture e sono realizzati con elementi della natura che fungono da catalizzatori per le energie che aiutano a creare i desideri umani.

All'amuleto viene attribuito il potere di scongiurare mali, incantesimi, malattie, disastri o neutralizzare i desideri malvagi lanciati attraverso gli occhi di altre persone.

Cancro

Stella.

Una stella a cinque punte è un potente talismano di protezione che protegge il suo proprietario dalle cattive energie e dagli invidiosi. Questo ciondolo non solo ti offre un'eccellente protezione, ma stimola anche la tua intuizione.

Una stella indossata come amuleto attira amore, ricchezza e altri benefici. Portare con te una stella ti aiuterà a superare gli ostacoli e ad attirare ciò che desideri con facilità.

Questo amuleto ti proteggerà dalla stregoneria, sarà la tua guida e ti condurrà alla verità che vive dentro di te, rivelando le tue potenzialità nascoste. La Stella è un amuleto che ti servirà per il lavoro, il denaro, l'amore, la fortuna e la salute. Simboleggia la protezione, attira la gioia e trasmuta la sfortuna. Dà potere e autorità a chi lo porta al collo, e anche molta sicurezza.

La sua principale virtù è quella di proteggere l'utente dalla magia nera. Significa cambiamento positivo, buona fortuna e prosperità.

Quarzo fortunato per il 2025

Siamo tutti attratti dai diamanti, dai rubini, dagli smeraldi e dagli zaffiri, sono ovviamente pietre preziose. Anche le pietre semipreziose come la corniola, l'occhio di tigre, il quarzo bianco e il lapislazzuli sono molto apprezzate, poiché sono state utilizzate come ornamenti e simboli di potere per migliaia di anni.

Quello che molti non sanno è che erano apprezzati non solo per la loro bellezza: ognuno aveva un significato sacro e le loro proprietà curative erano importanti tanto quanto il loro valore ornamentale.

I cristalli hanno ancora oggi le stesse proprietà, la maggior parte delle persone conosce quelli più popolari come l'ametista, la malachite e l'ossidiana, ma attualmente ci sono nuovi cristalli come il larimar, la petalita e la fenacita che sono diventati noti.

Un cristallo è un corpo solido con una forma geometricamente regolare, i cristalli si sono formati quando la Terra è stata creata e hanno continuato a metamorfosare man mano che il pianeta cambiava, i cristalli sono il DNA della Terra, sono magazzini in miniatura che contengono lo sviluppo del nostro pianeta nel corso di milioni di anni.

Alcuni sono stati sottoposti a pressioni straordinarie e altri sono cresciuti in camere sepolte sottoterra, altri sono scesi a gocciolamento. Qualunque sia la forma che assumono, la loro struttura cristallina può assorbire, conservare, focalizzare ed emettere energia.

Al centro del cristallo c'è l'atomo, i suoi elettroni e protoni. L'atomo è dinamico ed è costituito da una serie di particelle che ruotano attorno al centro in continuo movimento, in modo che mentre il cristallo può apparire immobile, in realtà è una massa molecolare vivente che vibra ad una certa frequenza e questo è ciò che conferisce al cristallo la sua energia.

Le gemme erano una prerogativa regale e sacerdotale, i sacerdoti dell'ebraismo indossavano una corazza piena di pietre preziose che era molto più di un emblema per designare la loro funzione, poiché trasferiva il potere a coloro che la indossavano.

Gli uomini usano le pietre fin dall'età della pietra in quanto avevano una funzione protettiva, proteggendo chi le indossava da vari mali. I cristalli di oggi hanno lo stesso potere e possiamo selezionare i nostri gioielli non solo in base alla loro attrattiva esterna, averli vicino a noi può aumentare la nostra energia (corniola), liberare lo spazio intorno a noi (ambra) o attirare ricchezza (citrino).

Alcuni cristalli come il quarzo affumicato e la tormalina nera hanno la capacità di assorbire la negatività, emettendo energia pura e pulita.

Indossare una tormalina nera intorno al collo ti protegge dai fumi elettromagnetici, compreso quello dei telefoni cellulari, un citrino non solo attirerà ricchezze, ma ti aiuterà anche a preservarle, ti metterà nella parte ricca della tua casa (il retro più a sinistra della porta d'ingresso).

Se stai cercando l'amore, i cristalli possono aiutarti, posiziona un quarzo rosa nell'angolo delle relazioni nella tua casa (l'angolo posteriore destro più lontano dalla porta d'ingresso) il suo effetto è così potente che è consigliabile aggiungere un'ametista per compensare l'attrazione.

Puoi anche usare la rodocrosite, l'amore arriverà sulla tua strada.

I cristalli possono guarire e dare equilibrio, alcuni cristalli contengono minerali noti per le loro proprietà terapeutiche, la malachite ha un'alta concentrazione di rame, indossare un bracciale di malachite permette al corpo di assorbire quantità minime di rame.

Il lapislazzuli allevia l'emicrania, ma se il mal di testa è causato dallo stress, l'ametista, l'ambra o il turchese posti sulle sopracciglia lo allevieranno.

Il quarzo e i minerali sono gioielli della madre terra, concediti l'opportunità e connettiti con la magia che trasmettono.

Cancro al quarzo fortunato /2025

Pietra di luna.

Usa la Pietra di Luna per aiutarti ad avere una visione chiara della tua vita e per aiutarti a rilasciare le convinzioni limitanti e le barriere inconsce in modo da poter manifestare consapevolmente i tuoi desideri.

Tienilo o usalo mentre stabilisci le tue intenzioni, mentre immagini cosa vuoi creare. Può aiutarti a stimolare il tuo processo creativo e a cristallizzare la tua visione.

Il Cancro è tradizionalmente il segno associato alla Pietra di Luna. Il Cancro riflette l'essenza yin nutriente della Pietra di Luna.

La pietra di luna ti aiuta anche ad addormentarti più facilmente calmando l'insonnia e permettendo al tuo corpo di respirare facilmente, riposare e riprendersi.

Tieni una pietra di luna sotto il cuscino o accanto al letto.

La pietra di luna è uno strumento meraviglioso per il lavoro con le ombre in quanto aiuta a portare luce a ciò che è stato nascosto nel tuo subconscio. Offre un supporto arricchente mentre scavi in profondità per riflettere su te stesso e cercare le risposte dentro di te. Tenete la Pietra di Luna vicino a voi mentre fate questo lavoro, e incoraggerà un'espressione sicura, creativa e delicata delle ombre che scoprite, e vi aiuterà a raggiungere un luogo di accettazione e pace con loro mentre imparate ad amare e abbracciare tutto il vostro essere.

Compatibilità con il Cancro e segni zodiacali

Il Cancro è un segno d'acqua simboleggiato da un granchio che cammina tra il mare e la sua riva, una capacità che si riflette anche nella sua capacità di fondere stati emotivi e fisici.

L'intuizione del Cancro che proviene dal tuo lato emotivo si manifesta in modo tangibile e, poiché la sicurezza e l'onestà sono fondamentali per questo segno, all'inizio può essere un po' freddo e distante.

Il Cancro rivela a poco a poco il tuo spirito gentile, ma anche la tua autentica compassione e le tue capacità psichiche. Se sei fortunato e guadagni la sua fiducia, scoprirai che, nonostante la sua timidezza iniziale, ama condividere.

Per questo amante, il partner è davvero il miglior regalo e premia le relazioni con la sua indistruttibile lealtà, responsabilità e sostegno emotivo. Tende ad essere piuttosto casalingo e la sua casa è un tempio personale, un'area in cui può esprimere la sua personalità.

Con le sue capacità domestiche, il granchio è anche un ospite sublime. Non sorprenderti se al tuo partner Cancro piace farti i complimenti con cibo fatto in casa, perché non c'è niente che gli piaccia di più del cibo naturale. Il Cancro si preoccupa molto anche dei suoi amici e della sua famiglia, ama assumere ruoli di tutore che gli permettono di creare legami appassionati con i suoi compagni più cari. Ma non dimenticate mai che quando il cancro investe emotivamente su qualcuno, si rischia di offuscare il confine tra cura e controllo.

Il Cancro ha anche una natura volubile come la Luna e una propensione all'instabilità. Il Cancro è il segno più oscuro dello zodiaco. I loro partner devono imparare ad apprezzare le loro variazioni emotive e, naturalmente, il Cancro deve anche controllare il proprio sentimentalismo.

Le sue abitudini difensive hanno un lato contrastante e quando si sente provocato non esita a mettersi sulla difensiva. Il cancro dovrebbe ricordare che gli errori e i litigi occasionali non rendono il tuo partner il tuo nemico. Oltre a questo, dovresti fare uno sforzo energico per essere presente nelle tue relazioni.

Essendo un segno emotivo e introspettivo, è facile per te chiuderti in te stesso per la maggior parte del tempo e se non rimani presente in una relazione, la prossima volta che esci dal tuo guscio, il tuo partner potrebbe non essere più al tuo fianco. Il Cancro sa ascoltare e, una volta uscito dal suo guscio, è una spugna emotiva. Il tuo partner Cancro assorbirà le tue emozioni, che a volte possono essere di supporto, ma altre volte possono essere soffocanti. Non è facile capire se il Cancro sta imitando o entrando davvero in empatia con te, ma poiché sono così interconnessi con il loro partner, non c'è differenza.

Se il supporto emotivo del Cancro sta intralciando la tua personalità, è meglio lasciarlo andare. Questo segno molto sensibile è facilmente sfidato anche dall'opinione più sottile e, sebbene eviti il conflitto diretto camminando ad angolo, può anche usare i suoi molari.

Questo caratteristico comportamento spensierato e provocatorio è prevedibile, ed è raro uscire con il Cancro senza provare almeno una volta il suo caratteristico cattivo umore.

A causa della sensibilità del Cancro, non è facile discutere con lui, ma con il tempo imparerai quali parole dire e, forse ancora più importante, cosa evitare. Sii consapevole di ciò che infastidisce il tuo partner e, con il tempo, diventerà più facile avere dialoghi difficili. È importante sapere come funziona questa creatura magica nei suoi momenti migliori e peggiori. In definitiva, la cosa più importante da ricordare è che il Cancro non è mai così distaccato come sembra.

La cosa più difficile con il cancro è attraversare la sua superficie dura, dura. Per questo motivo, la tolleranza è fondamentale quando si flirta con il Cancro. Mantieni un ritmo lento e costante e, con il tempo, acquisirai la sicurezza necessaria per rivelare il tuo vero io. Naturalmente, questo può essere un processo lungo e complicato e il minimo errore può mettere il Cancro sulla difensiva; quindi, due passi avanti possono trasformarsi in un passo indietro. Non scoraggiarti, non è personale, è solo la fisiologia di un granchio.

Il Cancro può avere rapporti sessuali occasionali, ma questo segno d'acqua dolce preferisce le relazioni che hanno intimità emotiva.

Ricorda che il Cancro ha bisogno di essere completamente a suo agio prima di uscire dal viso, e questo è particolarmente importante quando si tratta di sessualità. Per il Granchio, la fiducia è alimentata dalla vicinanza fisica. Puoi iniziare a coltivare una relazione sessuale con il Cancro integrandoti a poco a poco, tenendo conto del loro ritmo e delle loro carezze. Ciò consentirà al Cancro di sentirsi più a suo agio nel fondere l'espressione emotiva e fisica, assicurandosi di sentirsi protetto prima di iniziare a fare l'amore.

Sebbene il Cancro sia paziente e tenda ad essere estremamente leale in quanto ha bisogno di sentirsi protetto e compreso dal proprio partner, può cercare l'intimità in un'altra persona se sente che queste richieste non sono soddisfatte.

Il cancro può essere molto dannoso, quindi qualsiasi relazione segreta sarà calcolata, e ci vorrà un granchio randagio per portare la sua malizia nella tomba, prendere ulteriori misure per evitare che l'incontro venga scoperto seppellendo le prove in riva al mare.

In effetti, anche il granchio più fedele avrà dei segreti, ma ciò non significa che siano malvagi o malvagi. Tutti meritano di mantenere private certe cose, inoltre un po' di mistero aggiunge un tocco alla relazione.

Per il Cancro non è facile stabilire una relazione seria e impegnata, e quando si sente al sicuro, non vuole che finisca.

Il Cancro tende a rimanere nelle relazioni anche dopo che le scintille sono svanite perché, molto semplicemente, il Cancro è un sentimentale nel cuore. Ma naturalmente, non tutte le relazioni sono predestinate a durare per sempre.

Questo segno d'acqua non finge di essere vendicativo, ma quando il suo cuore è spezzato, sa come stabilire dei limiti. Cancellare il suo numero di telefono, bloccarlo e smettere di seguirlo sui social media gli consente di proteggersi dal dolore durante una rottura. Quindi, se la tua relazione con il Cancro finisce, aspettati di ricevere un elenco dettagliato di regole. Il Cancro può essere idealista e questo segno d'acqua è sicuramente alla ricerca della tua trascrizione di una storia d'amore. Tuttavia, interagisce in modo diverso con ogni segno dello zodiaco.

Cancro e Ariete, è una relazione difficile. L'atteggiamento ambizioso dell'Ariete differisce dalla profonda tenerezza del Cancro. Di conseguenza, l'Ariete può sentirsi soffocato dal bisogno del Cancro e il Cancro può sentirsi abbandonato dalla natura positivista dell'Ariete.

 Anche il Cancro è infastidito dal conflitto diretto e, come il suo simbolo astrologico, il granchio, preferisce schivare le situazioni difficili piuttosto che affrontare il conflitto frontalmente, che è la forma più comune di Ariete. All'Ariete non piacciono molto queste tendenze passive, quindi questa relazione a volte può essere difficile.

Quando collabora con l'Ariete, il Cancro dovrebbe abbracciare una prospettiva più diretta nella risoluzione dei conflitti. L'Ariete apprezzerà la tua compostezza e questo ragionamento permetterà a entrambi i segni di creare un'unione indistruttibile. Se imparano a rispettare, possono aspettarsi una relazione duratura basata sull'amore e sul sostegno.

Il Cancro e il Toro sono romantici e sanno come darsi a vicenda il supporto emotivo di cui hanno bisogno. Sebbene tendano ad essere possessivi, il Toro porta sicurezza e lealtà al sensibile Cancro, e lo stile di seduzione gentile del Cancro li attrae.

L'attrito sorge solo quando entrambi iniziano a recriminarsi a vicenda. Se il Cancro sta macinando assiduamente le loro tenaglie, il Toro inizierà a concentrare i suoi risentimenti, qualcosa che alla fine esploderà in una titanica corrida. Favorevolmente, potete evitare le tensioni mantenendo un dialogo sincero e apprezzando i doni degli altri.

Cancro e Gemelli è una relazione divertente. Il Cancro, sensibile e acquatico, ha bisogno di molto affetto da parte del partner per sentirsi al sicuro e amato. Prima di tutto, vi chiederete come possa inserirsi lo spontaneo Gemelli, che gode di tanta libertà di esplorare i suoi vari interessi. Tuttavia, essendo un segno d'aria mutevole, è anche molto flessibile.

Se il Cancro è in grado di notificare chiaramente le tue esigenze, i Gemelli lavoreranno per soddisfarle. I Gemelli possono anche essere piuttosto distaccati e soli, mentre il Cancro è una tromba d'acqua di emozioni, ma finché i Gemelli sono disposti a entrare in empatia con il Cancro, questa può essere una relazione premurosa e piuttosto divertente.

Il Cancro e il Cancro possono essere una relazione di lunga durata. Quando due crostacei si uniscono, è una storia d'amore. Sensibili e istintivi, sanno come facilitare il supporto emotivo a cui l'altra persona aspira.

Entrambi sono casalinghi e si divertiranno a trascorrere del tempo insieme, cullati a letto o sul divano, o a creare un'atmosfera accogliente nel luogo che condividete. Tuttavia, possono sorgere difficoltà quando si sentono molto a proprio agio.

Se questi amanti dell'oceano si ricordano di incoraggiarsi a vicenda e di aprire le loro facce dure per fidarsi completamente l'uno dell'altro, questa potrebbe essere una relazione immortale.

Cancro e Leone, non esattamente una combinazione facile, non significa che sia improbabile, perché è interessante notare che il granchio e il leone hanno in realtà molto in comune. A modo loro, sia il Cancro che il Leone richiedono amore, gratitudine e convalida.

Mentre il drammatico Leone cerca lodi e lealtà, il sensibile Cancro vuole essere necessario e compreso.

La ricetta del conflitto tra questi segni è abbastanza evidente.

Il Leone, essendo così drammatico e desideroso dell'applauso del suo ambiente, aggiunto al Cancro, familiare, fa sì che quest'ultimo si senta non amato, il che porta il Leone a prendere personalmente la secchezza del Cancro e qui iniziano a combattere.

Tuttavia, se sia il Cancro che il Leone gestiscono i loro sentimenti, non è difficile evitare questo tipo di conflitto.

Un dialogo aperto e molta tenerezza aiuteranno a rafforzare questa relazione d'amore.

Cancro e Vergine, anche se ci sono evidenti differenze tra loro, perché il Cancro è guidato dalle emozioni, mentre la Vergine è guidata dalla logica, possono formare una coppia vigorosa, anche se ci vuole un po' di trucco per farlo.

Man mano che il Cancro e la Vergine si conoscono, la relazione ha molti inciampi e spesso va avanti e rimane indietro. Tuttavia, una volta stabilita la fiducia, questa coppia è davvero profonda. Anche se all'inizio nessuno di voi due sarà attratto dal parlare dei propri sentimenti, se entrambi vi impegnate allo stesso modo, potete trovare sicurezza nel rispetto reciproco e nella fiducia in voi stessi.

Cancro e Bilancia, all'inizio del corteggiamento, l'atteggiamento chiuso del Cancro confonde la Bilancia, che lavora instancabilmente per cercare di impressionare il crostaceo sordo. Invece, la comunicazione e il comportamento altamente civettuolo della Bilancia rendono il Cancro sospettoso delle sue intenzioni.

Sarcasticamente, sia il Cancro che la Bilancia temono che l'altro segno li contraddica. Tuttavia, una volta che il Cancro accetta la particolarità della Bilancia e comprende lo spirito tenero del Cancro, i due possono relazionarsi armoniosamente.

Cancro e Scorpione appartengono all'elemento acqua, qui il rapporto è pastoso. Il Cancro è una creatura considerevolmente sensibile, quindi ha bisogno di stabilire familiarità e lealtà prima di mostrare le sue debolezze.

Di conseguenza, lo Scorpione è un compagno meraviglioso per il delicato crostaceo.

Questa connessione si basa su una profonda intuizione e abilità psichiche; quindi, Cancro e Scorpione possono spesso comunicare con forme di espressione non orali. Il Cancro e lo Scorpione possono essere molto impulsivi, entrambi portano con sé molte emozioni, ma sanno come aiutarsi a vicenda, illuminando la strada verso i loro momenti più bui. Alla fine, entrambi cercano la stessa cosa: l'intimità.

Lo Scorpione è molto possessivo, quindi il Cancro dovrebbe essere in grado di adattarsi mostrando ripetutamente il proprio amore.

Il Cancro e lo Scorpione amano la bella vita. Avere una casa maestosa e adornata di lussi.

Cancro e Sagittario, è una relazione difficile, ma non impossibile. All'inizio, ognuna di queste due energie molto diverse può essere attratta dalle differenze dell'altra.

Il Sagittario parla velocemente ed è rafforzato dallo spirito del Cancro, mentre il crostaceo è stregato dalla delicatezza senza sforzo dell'ottimista Sagittario. Il bisogno di avventura del Sagittario non si sposa bene con i desideri domestici del Cancro.

In una coppia con persone di questi segni del Cancro, dovresti ricordare che la casa non è un territorio, ma uno stato d'animo.

Allo stesso modo, il Sagittario dovrà capire che stabilità non significa Dudgeon. Se sono disposti a cambiare un po' le loro valutazioni, ci sono molte aspettative per questa relazione.

Cancro e Capricorno, anche se astrologicamente opposti, condividono valori simili: entrambi hanno molto a cuore la famiglia e gli amici, e anche la costruzione di un futuro sostenibile. Anche se apparentemente meno emotivo del Cancro, l'operaio Capricorno apprezza profondamente la sensibilità del Cancro.

D'altra parte, l'intuizione del Cancro può portare una spiritualità tanto necessaria alla praticità del Capricorno.

La relazione Cancro-Capricorno è perfetta perché entrambi i segni amano nidificare e costruire spazi sicuri.

Tuttavia, poiché entrambi hanno paura del cambiamento, il Cancro e il Capricorno devono lavorare sodo affinché la loro relazione non ristagni.

Dopotutto, non devono accoccolarsi accanto al fuoco tutte le sere della settimana. Va bene anche divertirsi fuori casa di tanto in tanto.

Cancro e Acquario, anche se all'inizio questa relazione può sembrare strana (il Cancro è piuttosto tradizionale, mentre l'Acquario è estremamente progressista), entrambi i segni sono in realtà pensatori innovativi con idee brillanti su come vivere in modo creativo e d'impatto nel mondo.

Le loro prospettive, tuttavia, sono molto diverse. Le opinioni del Cancro riflettono sempre la loro realtà immediata, mentre l'Acquario teorizza a 30.000 piedi. Di conseguenza, potrebbe esserci un po' di discordia in una coppia Cancro-Acquario.

Esse dovrebbero adoperarsi per garantire che le esigenze di tutti siano prese in considerazione.

Cancro e Pesci, è una relazione in cui il granchio può finalmente trovare il suo partner in amore. Se c'è una cosa che accomuna un pesce e un granchio, è che entrambi danno all'amore la posizione più importante della loro vita.

Entrambi pensano che l'amore sia la forza trainante e che ci dia la forza di funzionare nella vita. La forza della passione che entrambi provano per i loro partner li fa correre e cadere l'uno nelle braccia dell'altro.

L'unica difficoltà è che i Pesci camminano sempre sulle nuvole e ignorano il futuro, cosa fondamentale per il Cancro. Se il crostaceo non vede avverarsi i suoi piani, sceglie di rompere la relazione.

 Ma in generale, hanno sentimenti simili, il che li renderà una coppia invidiata. I due amano condividere intimamente e il calore del Cancro e dei

Pesci suggerisce una relazione impegnata in cui sarà facile raggiungere un consenso.

Cancro e vocazione

Come avvocato o psicoanalista, il cancro può aiutare le persone. L'oceanografia è in particolare una delle vocazioni del Cancro, poiché il granchio è il loro simbolo zodiacale con un forte legame con il mare. Essere uno chef, o un fornaio, avrebbe permesso loro di esercitare le loro capacità creative e nutrire i loro clienti con i loro pasti.

Le migliori professioni

Il cancro è l'esterno, ma molto delicato all'interno. Questo segno governato dalla Luna è molto enigmatico. Sono molto energici, fantasiosi e protettivi. Il cancro si distingue nelle professioni infermieristiche, psicologiche, legali, pedagogiche e di cura degli adulti.

Segnali con cui non dovresti fare trading

Acquario e Gemelli, poiché il Cancro è incline a vivere nel passato, Acquario e Gemelli non si guardano mai indietro. Non si capiscono e sono sopraffatti da vibrazioni negative.

Segni di partnership con

Pesci e Sagittario. Sono segni versatili che si adattano a tutte le circostanze. Sono molto bravi a cercare clienti e contatti.

El Stress. Un ostacolo sulla strada verso il 2025

Spesso ci sforziamo così tanto di raggiungere i nostri obiettivi che finiamo per essere stressati e frustrati per non aver ottenuto i risultati che vogliamo.

Evita di avere stress perché questo stato è una trappola che impedisce alla prosperità di entrare nella tua vita. Se sei stressato, significa che vivi in uno stato di mancanza.

Potresti avere pressioni finanziarie, ma mantenere uno stato interiore calmo è un elemento decisivo per raggiungere il tuo obiettivo di prosperità. Quando sei rilassato e privo di ansia, tutte le cose belle iniziano ad accadere perché sei in sintonia con le tue aspirazioni invece di perdere ciò a cui stai mirando.

Lo stress non ti gioverà affatto. Desiderare qualcosa così intensamente da causare stress non ne vale la pena. Fluire con l'Universo, essere nel qui e ora e godersi il momento, sono fondamentali per ottenere tutto ciò che desideri.

Concentrati sul futuro e ripeti le affermazioni positive in modo da poter aumentare la tua autostima e riprogrammare la tua mente. Impara ad accontentarti di ciò che hai ora.

Tutti ci siamo sentiti stressati di fronte a richieste estreme o cambiamenti improvvisi. Ma alcuni individui sono così dipendenti dallo stress che ne fanno uno stile di vita.

Non sognare nemmeno per un minuto della tua vita che nessuno di noi avrà una vita totalmente priva di stress, per questo dovresti scegliere un altro pianeta (e io non sono stato consapevolmente su nessuno, quindi non posso darti consigli).

Lo stress non è sempre dannoso. Un aspetto che separa lo stress innocuo dallo stress dannoso che ti fa ammalare è la durata del tempo.

Tutti noi abbiamo la capacità di affrontare periodi temporanei di stress, purché non siano eccessivamente dolorosi ed estenuanti. Il problema sorge quando rimaniamo stressati per lunghi periodi di tempo, poiché il corpo umano non è stato progettato per questo.

Purtroppo, ogni giorno il nostro ambiente diventa più stressante e sembriamo farfalle intrappolate nelle ragnatele dello stress. Ma non tutti noi viviamo lo stress allo stesso modo perché, sebbene le cause esterne siano fuori dal nostro controllo, ci vuole più di queste perché lo stress ci danneggi.

Le sfide che la vita ci pone non sono importanti quanto il nostro mondo interiore. Cioè, il modo in cui pensiamo, sentiamo e ci comportiamo in risposta a queste circostanze. Lo stress è un'illusione formata dalla nostra mente per regolare il nostro modo di vedere il mondo.

Dimmi quante volte è successa quella cosa che temi tanto?
Tutti noi proviamo paura, in misura minore o maggiore, la maggior parte dei giorni della nostra vita che qualcosa di caotico accada nella nostra vita.

È necessario ricordare in questi giorni che l'illusione dello stress si nutre della nostra pretesa di indovinare il futuro. Desideriamo ardentemente l'obbligo di prevedere il futuro, di tenerlo in vista. Questa ossessione, avere potere e controllo, è ciò che alimenta lo stress.

Dall'altra parte della medaglia ci sono le persone che hanno paura di perdere tutte le benedizioni e le cose materiali che hanno. Ho una notizia per tutte queste persone: se perderanno tutto, anche la propria vita. Nessuno nasce per seminare e quando si esce non si prende nulla da questo mondo. Ma nel frattempo, godetevi questo viaggio che ha i suoi alti e bassi, accettate le sfide e i cambiamenti, non anticipate e non stressatevi.

C'è un dono nascosto nello stress. Sotto tutta quell'ansia, hai una forte personalità che aspetta che tu gli apra la porta. La chiave è solo tua.

Le persone che vivono in pace raggiungono la prosperità più velocemente.

Narcisismo digitale

Il narcisismo, un disturbo della personalità con cause multiple e complicate, è diventato un problema molto serio. Vivendo in un sistema spietatamente egoista, con un'avida ossessione per l'acquisizione di potere economico e in una società che rende popolare la competizione aggressiva in tutte le sfere della vita, i comportamenti narcisistici sono peggiorati.

I social media sono diventati il terreno fertile perfetto per tutti i tipi di comportamenti narcisistici. La possibilità di fabbricare un'immagine potenziata, abbellita e migliorata, per ottenere ammiratori e approvazione attraverso "mi piace" o follower, attrae le persone con questo disturbo di personalità.

Un narcisista è una persona che richiede un'ammirazione esagerata, ha un'aura irrazionale di superiorità e usa gli altri a proprio vantaggio. Sono persone vanitose e arroganti.

Come puoi identificarli? Se fai una passeggiata su Instagram o Facebook, noterai il numero di persone che vivono costantemente per l'esposizione permanente del loro fisico attraverso immagini provocanti.

Lo fanno per contrastare il loro complesso di inferiorità e la mancanza di autostima. Ci sono altri che cercano di comunicare una vita perfetta al di sopra delle probabilità reali, o di stabilire legami emotivi per ricevere lodi, e poi offendono e denigrano pubblicamente chiunque cerchi di contraddirli.

Alcuni cercano la compassione esagerando pubblicamente qualsiasi disagio o disgrazia subita per ottenere la considerazione e il sostegno dei loro seguaci, e c'è chi spera di ottenere lodi e congratulazioni dopo dichiarazioni pubbliche in cui si sminuisce e si presenta come una persona umile, quando dietro questa modestia compiaciuta e l'eccessiva semplicità ciò che si nasconde davvero è un orgoglio estremo che deve essere riaffermato su base ricorrente.

L'effetto disinibito ed empatico che i media digitali facilitano aiuta nella diffusione narcisistica. Sui social network hanno un percorso libero per proiettare tutto ciò che vorrebbero essere e non sono. Questi comportamenti sono tipici degli individui che sono emotivamente carenti di affetto.

Dobbiamo proteggere i nostri figli, instillando in loro l'uso consapevole e responsabile delle reti, ed educarli ad accettarsi con le loro virtù e i loro difetti.

Gli adulti che rifiutano la propria vita e presentano una figura che non è realmente alla ricerca di un'approvazione sociale continua dovrebbero cercare un sano equilibrio tra il mondo virtuale e la realtà.

Evita di paragonarti agli altri, ricorda che le reti espongono solo una piccola parte della vita, non alimentano il desiderio di convalida.

Non è necessario chiudere i social network, ma mettere in atto determinati limiti al loro utilizzo perché, per quanto possa sembrare bello e divertente, l'abitudine di vedere "mi piace" sui social network genera dipendenza, angoscia e sovraccarico.

Il narcisismo non è legato alla totalità del tempo trascorso sui social network, il narcisismo è legato ai motivi per cui i social network vengono utilizzati compulsivamente.

C'è così tanta presunzione prodiga, così tante persone che hanno bisogno di essere il centro dell'Universo, anche se devono partecipare a comportamenti inappropriati, imbarazzanti o anormali, che causano preoccupazione.

Questa ondata di narcisismo digitale ha implicazioni nel mondo reale. Uno dei più inquietanti è che gli individui con tratti narcisistici hanno maggiori probabilità di essere interessati alla politica.

Poiché i social media amplificano questi effetti, coloro che dominano il discorso pubblico e i dibattiti sui media sono favoriti, con il numero di "mi piace" considerato un indicatore affidabile del livello di conoscenza e del potenziale di quella persona.

Attualmente ci sono narcisisti sui social network che promuovono l'odio verso le persone che la pensano in modo errato o diverso, questo è distruttivo per il cambiamento sociale perché non costruiscono alleanze, promuovono solo divisioni.

Abbiamo bisogno di più educazione su questo fenomeno per ridurre gli effetti dannosi che ha a livello psicologico, sia per chi soffre della malattia che per le sue vittime, i social network hanno decisamente aumentato i casi di narcisismo creando un ambiente in cui il numero di like e follower è una misura del successo e della popolarità.

Luna nel segno del Cancro

Il Cancro è il segno più emotivo dello zodiaco, poiché lavora a livello di sentimenti ed emozioni.

La Luna governa il segno del Cancro, il che significa che la Luna in questo segno ha la capacità di esprimere ed esplorare apertamente tutte le emozioni. A volte, le persone con la Luna in Cancro sono schiave delle loro emozioni e lottano per tenerle sotto controllo.

Se la tua Luna è nel segno del Cancro, le connessioni emotive sono molto importanti per te. In effetti, è necessario avere connessioni emotive con altre persone per sopravvivere.

I legami che condividi sono ciò che ti aiuta a ricordare che non sei solo e che il desiderio di supporto emotivo significa che vuoi sentirti parte di un tutto.

Tuttavia, devi ricordare che devi prenderti cura dei tuoi bisogni, perché altrimenti potresti diventare dipendente dal supporto emotivo degli altri.

La Luna in Cancro ha un forte istinto materno e ti fa sentire al sicuro quando sai che le persone che ami sono protette.

Quando non ti connetti emotivamente con gli altri, lo interpreti come qualcosa di cui i tuoi bisogni emotivi non vengono soddisfatti, qualcosa di cui hai davvero bisogno per sopravvivere. Se questo accade, la vostra anima entrerà in uno stato di terrore perché non potrete davvero sopravvivere se non soddisfate questi bisogni. La loro paura più oscura è quella di essere soli al mondo.

La persona con Luna in Cancro quando si sente minacciata, la sua reazione è quella di nascondersi e cercare di ristabilire le proprie connessioni emotive.

La sicurezza e la protezione sono la cosa più importante per il Cancro; quindi, le abitudini e la routine confortano queste persone. Più sicuri sono i tuoi ambienti, più ti sentirai al sicuro.

Nelle relazioni romantiche, si sentono più protetti quando hanno un legame profondo con il loro partner e hanno bisogno di credere che il loro partner prenderà in considerazione i loro sentimenti.

Quando riconosci che puoi soddisfare le tue esigenze di sopravvivenza senza il supporto degli altri, sarai in grado di creare migliori connessioni emotive con le persone della tua vita.

Dovresti essere consapevole delle tue aspettative e dei tuoi desideri di supporto emotivo.

L'importanza del Segno Ascendente

Il segno solare ha un grande impatto su chi siamo, ma l'Ascendente è ciò che ci definisce davvero, e anche questo potrebbe essere il motivo per cui non ti identifichi con alcuni tratti del tuo segno zodiacale.

Davvero l'energia che ti dà il tuo segno solare ti fa sentire diverso dal resto delle persone, per questo motivo, quando leggi il tuo oroscopo a volte ti senti identificato e dai un senso a certe previsioni, e questo accade perché ti aiuta a capire come potresti sentirti e cosa ti succederà, Ma mostra solo una percentuale di ciò che potrebbe essere realmente.

L'Ascendente, invece, si differenzia dal segno solare perché riflette superficialmente chi siamo, cioè come gli altri ti vedono o l'energia che trasmetti alle persone, e questo è talmente reale che potrebbe essere il caso che tu conosca qualcuno e se prevedi il tuo segno è possibile che tu abbia scoperto il tuo segno Ascendente e non il tuo segno solare.

 In breve, le caratteristiche che vediamo in qualcuno quando lo incontriamo per la prima volta è l'Ascendente, ma poiché le nostre vite sono influenzate dal modo in cui ci relazioniamo con gli altri, l'Ascendente ha un grande impatto sulla nostra vita quotidiana.

È un po' complesso spiegare come si calcola o si determina il segno dell'Ascendente, perché non è la posizione di un pianeta a determinarlo, ma il segno che è apparso all'orizzonte orientale al momento della tua nascita, a differenza del tuo segno solare, dipende dall'ora esatta in cui sei nato.

Grazie alla tecnologia e all'Universo oggi è più facile che mai conoscere queste informazioni, ovviamente se conosci il tuo orario di nascita, o se hai un'idea dell'ora, ma non c'è margine di più delle ore, perché ci sono molti siti che fanno il calcolo inserendo i dati, astro.com è uno di questi, ma ce ne sono infiniti.

In questo modo, quando leggi il tuo oroscopo puoi leggere anche il tuo Ascendente e conoscere dettagli più personalizzati, vedrai che d'ora in poi se lo fai il tuo modo di leggere l'oroscopo cambierà e saprai perché il Sagittario è così modesto e pessimista se in realtà sono così esagerati e ottimisti, e questo può essere perché hanno un Ascendente Capricorno, o perché quel collega dello Scorpione parla sempre di tutto, non dubitate che abbia un Ascendente Gemelli.

Riassumerò le caratteristiche dei diversi Ascendenti, ma anche questo è molto generale, poiché queste caratteristiche sono modificate dai pianeti in congiunzione con l'Ascendente, i pianeti che assomigliano all'Ascendente e la posizione del pianeta dominante del segno sull'Ascendente.

Ad esempio, una persona con un Ascendente Sagittario con il suo pianeta dominante, Giove, in Ariete risponderà al proprio ambiente in modo leggermente diverso rispetto a un'altra persona, anche con un Ascendente Sagittario, ma con Giove in Scorpione.

Allo stesso modo, una persona con un Ascendente Pesci che ha Saturno congiunto "si comporterà" in modo diverso rispetto a qualcuno con un Ascendente Pesci che non gli assomiglia.

Tutti questi fattori modificano l'Ascendente, l'astrologia è molto complessa, e gli oroscopi non si leggono o si fanno con i tarocchi, perché l'astrologia non è solo un'arte ma anche una scienza.

Può essere comune confondere queste due pratiche e questo perché, nonostante siano due concetti totalmente diversi, hanno alcuni punti in comune. Uno di questi punti in comune si basa sulla sua origine, e cioè che entrambe le procedure sono note fin dall'antichità.

Sono anche simili nei simboli che usano, poiché entrambi hanno simboli ambigui che devono essere interpretati; quindi, richiede una lettura specializzata ed è necessario avere una formazione per saper interpretare questi simboli.

Ci sono migliaia di differenze, ma una delle principali è che mentre nei tarocchi i simboli sono perfettamente comprensibili a prima vista, poiché sono carte figurative, anche se bisogna saperle interpretare bene, in astrologia osserviamo un sistema astratto che è necessario conoscere in anticipo per interpretarli, e ovviamente c'è da dire che sebbene possiamo riconoscere le carte dei tarocchi, Non tutti possono interpretarli correttamente.

L'interpretazione è anche una differenza tra le due discipline, perché mentre i tarocchi non hanno un riferimento temporale esatto, poiché le carte sono collocate nel tempo solo grazie alle domande che vengono poste nella diffusione corrispondente, in astrologia si fa riferimento a una posizione specifica dei pianeti nella storia, e i sistemi di interpretazione utilizzati da entrambi sono diametralmente opposti.

Il tema natale è la base dell'astrologia e l'aspetto più importante per fare la previsione. Il tema natale deve essere perfettamente preparato affinché la lettura abbia successo e impari di più sulla persona.

Per realizzare una carta astrologica è necessario conoscere tutti i dati relativi alla nascita della persona in questione.

È necessario saperlo esattamente, dal momento esatto in cui ha partorito, fino al luogo in cui ha partorito.

La posizione dei pianeti al momento della nascita rivelerà all'astrologo i punti di cui ha bisogno per preparare il tema natale.

L'astrologia non riguarda solo la conoscenza del tuo futuro, ma anche la conoscenza dei punti importanti della tua esistenza, sia presente che passata, al fine di prendere decisioni migliori per decidere il tuo futuro.

L'astrologia ti aiuterà a conoscere meglio te stesso, in modo da poter cambiare le cose che ti trattengono o migliorare le tue qualità.

E se il tema natale è alla base dell'astrologia, la diffusione dei tarocchi è fondamentale in quest'ultima disciplina. Proprio come colui che fa la carta astrologica, il sensitivo che fa la diffusione dei tarocchi, sarà la chiave del successo della tua lettura, così la cosa migliore da fare è chiedere ai lettori di tarocchi consigliati, e anche se certamente non sarà in grado di risponderti concretamente a tutti i dubbi che hai nella tua vita, Una corretta lettura dei tarocchi si diffonde e le carte che escono in questa diffusione ti aiuteranno a guidarti attraverso le decisioni che prendi nella tua vita.

In sintesi, l'astrologia e i tarocchi usano la simbologia, ma la domanda principale è come viene interpretata tutta questa simbologia.

Veramente una persona che ha padroneggiato entrambe le tecniche sarà senza dubbio di grande aiuto per le persone che ti chiederanno consigli.

Molti astrologi combinano entrambe le discipline e la pratica regolare mi ha insegnato che entrambe tendono a fluire molto bene, fornendo una componente arricchente in tutti gli argomenti di previsione, ma non sono la stessa cosa e non si può fare un oroscopo con le carte dei tarocchi, né si può fare una lettura dei tarocchi con una carta astrologica.

Cancro in aumento

Le persone con questo Ascendente evitano i conflitti ogni volta che è possibile. Queste persone devono imparare a capire i propri ritmi, poiché si aggrappano ai loro sentimenti e non li lasciano andare fino a quando non emerge un altro sentimento più forte.

Le emozioni e la ricerca della sicurezza sono le cose più importanti per le persone con questo Ascendente.

Un Ascendente Cancro che cerca di ritrovare sé stesso nel resto delle persone assorbirà le emozioni negative dell'altro. Essendo così empatici con gli altri, possono pensare che i sentimenti negativi che percepiscono siano i loro.

È necessario che questo Ascendente impari a distinguere bene da dove provengono queste emozioni in modo che non rimangano bloccate nei ricordi del passato

L'empatia di questo Ascendente permette loro di avere un'ottima percezione dell'ambiente, ma il loro obiettivo sarà sempre quello di cercare una relazione che offra loro sicurezza e stabilità.

Ariete – Ascendente Cancro

Questa combinazione zodiacale è in conflitto tra loro, data la forte energia dell'Ariete e la tendenza ad evitare il conflitto del segno del Cancro. La vita di queste persone può essere soggetta a continui cambiamenti.

A queste persone piace partecipare a eventi sociali e condividere con amici e familiari.

Nell'area del lavoro, si concentrano e si sforzano di avere successo e consolidare i loro progetti. Indipendentemente dalla professione che hanno, se ci si impegnano, saranno in grado di ottenere ciò che si sono prefissati di fare.

Nell'amore, mettono la loro dignità al di sopra di ogni altra cosa e questo può causare conflitti. Anche se sono sempre molto generosi, empatici e protettivi.

Le persone con antenati cancerosi sono influenzate dalla famiglia e possono manipolarla.

Toro – Ascendente Cancro

Questa combinazione astrale valorizza le tue amicizie, considerandole come parte della tua famiglia. Sono individui solidali ed empatici.

Sul lavoro hanno successo grazie a questo carisma amichevole ed empatico, poiché sanno trattare bene le persone e per questo carattere vengono sempre premiati.

In amore, anche se i loro sentimenti sono forti, attribuiscono un grande valore alla libertà e alla fiducia. Queste saranno emozioni fondamentali per riuscire a preservare le vostre relazioni. Tuttavia, a volte possono prendere decisioni sbagliate.

Le emozioni e la sensibilità sono le maggiori difficoltà per queste persone, in quanto possono causare problemi psicosomatici.

Gemelli – Ascendente Cancro

I Gemelli con Ascendenti in Cancro sono persone con grandi capacità comunicative.

Per queste persone, la cosa più importante è trovare un lavoro in cui possano sviluppare la loro creatività e sentirsi a proprio agio con ciò che stanno facendo e con chi stanno connettendo.

A volte, una mancanza di autostima potrebbe non consentire loro di realizzare il loro pieno potenziale.

In generale, sono molto più sensibili ed empatici, ma in amore, sentirsi al sicuro e apprezzati è un bisogno primario.

Alcuni si nascondono da qualsiasi conflitto, poiché la paura di essere smascherati li terrorizza.

Cancro – Cancro ascendente

Questa combinazione di segni rafforza le caratteristiche del cancro. Sono le persone più affettuose e protettive dell'intero zodiaco.

Cancro con Cancro ascendente vive intensamente le proprie emozioni e questo permette loro di essere estremamente percettivi nei confronti delle emozioni degli altri.

Nell'area di lavoro non sono molto competitivi. Cercano sempre di trovare una posizione comoda dove non devono fare sforzi, ma che permetta loro di vivere senza preoccupazioni.

Nelle loro relazioni amorose, sono inclini a idealizzare il loro partner, alienandosi dalla realtà. Di solito cedono senza pensarci due volte ai desideri di coloro che amano. A volte, sono instabili e mancano di controllo emotivo nella loro vita.

Leone – Ascendente Cancro

Il Leone con Ascendente in Cancro è una persona molto protettiva, ama i lussi, ma ama condividerli con coloro che appartengono alla loro cerchia più stretta. Per queste persone, i loro cari sono la priorità della loro vita e amano inondarli di regali.

Per questo Ascendente, è una priorità avere stabilità finanziaria perché offre loro molta sicurezza. Avere accesso alle risorse economiche garantisce loro di poter vivere come desiderano. Si sforzano di trovare un modo per essere finanziariamente prosperi.

Nell'area lavorativa amano acquisire nuove conoscenze e avviare progetti, poiché sono persone intraprendenti con un grande spirito combattivo.

In amore, possono essere molto gelosi e manipolatori con il loro partner.

Alcuni usano lo status sociale e i beni materiali come parametri per valutare le persone, apprezzando solo le apparenze.

Vergine – Cancro in ascesa

La Vergine con l'Ascendente Cancro sono persone che hanno una grande capacità di comunicare e un'incredibile immaginazione e intelligenza.

Hanno straordinarie abilità sociali in quanto sono interessati ad avere molte relazioni e sono anche molto piacevoli da trattare.

In amore, si concentrano sulla famiglia; Questo è il tipo di persone perfetto con cui costruire una famiglia forte.

A volte sono timidi, ma quando li incontri sono affascinanti.

Bilancia – Ascendente Cancro

La Bilancia con Ascendente in Cancro è un'unione di segni affettuosi ed espressivi. Questa combinazione ha sempre successo, soprattutto nelle relazioni.

Queste persone cercheranno sempre stabilità e formeranno una casa.

Con il resto delle relazioni sono persone equilibrate e sanno mettere ordine ed essere mediatori se necessario.

A volte, a loro piace recitare il ruolo di vittime, proiettando i loro errori.

Scorpione – Ascendente in Cancro

Questa unione di due segni dell'elemento acqua rafforza le caratteristiche tipiche dell'elemento. La sensibilità di questa combinazione è notevole.

Questi individui devono riflettere e analizzare ogni opportunità in modo da poter veramente discernere ciò che li interessa.

Nell'area di lavoro, potrebbero non avanzare come vorrebbero, poiché a volte tendono ad essere pessimisti.

Il modo in cui danno affetto è legato ai loro interessi artistici. Nelle loro relazioni non si limitano regolarmente con il partner, ma diventano molto permissivi.

Possono confondere la passione con l'amore e mantenere una relazione stabile può essere difficile.

Sagittario – Cancro in ascesa

Il Sagittario con Ascendente in Cancro è una persona super intuitiva, ma con ottime facoltà per il lavoro pratico. Fanno affidamento sulle loro capacità per svolgere qualsiasi lavoro.

Sono molto concentrati ed equilibrati e amano condividere con la loro famiglia. Tuttavia, il desiderio di essere accettati e amati li porta a prendere decisioni sbagliate.

Possono impegnarsi così tanto nel loro lavoro che può persino essere dannoso per la loro salute e le loro relazioni. Amano incolpare gli altri, anche se commettono sempre gli stessi errori.

Capricorno – Ascendente Cancro

Questa combinazione zodiacale si completa a vicenda. La sensibilità del Cancro, unita alla disciplina del Capricorno, si traduce in persone accondiscendenti che apprezzano gli impegni.

In amore, preferiscono condividere la loro vita con qualcuno di cui si possono fidare. Sono individui molto responsabili e onesti che cercano la stessa cosa in una relazione.

Sul lavoro, sono coinvolti in molti progetti contemporaneamente, ma sono indipendenti e conformi.

C'è la tendenza di queste persone a rimanere in una relazione che dovrebbe finire a causa della mancanza di affetto, poiché mantenerla per tradizione sembra loro la cosa giusta da fare.

Acquario – Ascendente Cancro

Le persone con questa influenza sono estremamente protettive. A volte tendono ad essere squilibrati, perché a volte sono guidati dalla ragione e non dall'intuizione

Nel campo del lavoro, sono persone che hanno sempre successo, soprattutto nei lavori legati al governo.

In amore amano mantenere la loro indipendenza, ma quando si innamorano danno tutto per il loro partner.

Un aspetto negativo di questo Ascendente è che a volte sono influenzati da altre persone.

Pesci – Ascendente Cancro

I Pesci con l'Ascendente Cancro sono estremamente sensibili e sognatori. Amano le novità e si concentrano sull'apprendimento costante.

Nell'area del lavoro sono ambiziosi e combattenti, perché cercano il successo e non si arrendono mai finché non lo ottengono.

L'amore è importante per loro e condividere momenti con la famiglia è essenziale, anche se sono innamorati.

Aldilà

L'esistenza della vita dopo la morte è un dilemma che ha trasceso tutte le civiltà e ha lasciato diverse religioni senza risposta.

Molti temono la morte, indipendentemente dalle loro convinzioni religiose, perché sanno che è qualcosa che non possono cambiare. Questa paura viene dall'ignoto.

Solo coloro che hanno sperimentato un'esperienza di premorte, o una regressione a una vita passata, sanno che siamo anime eterne e che esistiamo in due mondi, quello fisico e quello spirituale.

Nell'antico Egitto, la morte non era la fine della vita, ma solo l'inizio del ciclo successivo nell'eterno viaggio dell'anima.

I romani percepivano la morte come un segmento naturale del ciclo della vita e riconoscevano che si trattava di una transizione verso un'altra forma esistenziale. Gli antichi greci presumevano che l'anima lasciasse il corpo dopo la morte e continuasse ad esistere in un'altra forma, e i persiani consideravano l'aldilà come un premio per i giusti.

Le religioni hanno punti di vista diversi su questo tema. Per l'induismo è una transizione, vedono la morte come l'inizio di un nuovo ciclo. Nelle religioni africane, la vita non finisce mai con la morte, ma continua altrove. Nel buddismo, la morte è solo la fine della vita attuale per iniziare un nuovo ciclo in cui l'anima continuerà il suo apprendimento. Gli ebrei credono che le anime ascendano al cielo, che la vita sulla terra finisca, ma che l'essere umano e la sua anima non siano finiti.

Nell'Islam credono nella vita dopo la morte e nella reincarnazione; Per loro, l'anima ritorna a correggere alcune aree della vita, ma mai nello stesso corpo. Per i cristiani, quando si muore, si viene giudicati, e secondo il verdetto si va in alcuni dei diversi regni che esistono in paradiso, o all'inferno. Per i cattolici, la morte è sinonimo di speranza.

È l'incontro con Dio e la vita eterna, ma per questo l'anima deve essere purificata.

Tutte le civiltà e le religioni hanno un concetto diverso della morte e della presunta vita ultraterrena, ma secondo le mie esperienze, quando finiamo questa vita terrena, le nostre anime si dirigono verso la loro "casa".

Non c'è inferno per le anime, l'unico inferno è qui sulla Terra. La "casa" è un luogo celeste, dove ci viene mostrato con tenerezza e misericordia ciò che abbiamo fatto e non siamo riusciti a fare nella nostra vita terrena.

In questo posto non ci sono etichette, non siamo classificati. Nessuno appartiene a nessuna razza, nessuno è buono o cattivo, non ci sono generi o partiti politici, lì siamo tutti uguali. Con l'amore, ci viene insegnato cosa migliorare o modificare, e poi pianifichiamo la nostra prossima vita.

Morire è tornare alla nostra "casa" spirituale, senza quel bagaglio pieno di bisogni e limitazioni che ha il corpo fisico.

Tutti noi dobbiamo morire perché non possiamo stare lontani dalla nostra "essenza" a lungo, e anche se moriamo siamo energia eterna, e la nostra anima è infinita e immortale.

Se avete dei dubbi, e spesso vi chiedete cosa vi accadrà dopo la morte, non dimenticate che non siamo stati creati per caso, tanto meno con l'unico scopo di sopravvivere.

Ci muoviamo internamente all'interno di una rete universale che guida l'evoluzione fisica dell'essere umano. Se la morte fosse la fine, la vita non avrebbe senso.

Siamo predestinati ad andare avanti e indietro tra i vari universi attraverso lo spazio e il tempo per imparare a migliorare, evolvere e acquisire più conoscenza. Dobbiamo avere fiducia in questo processo con equanimità e coraggio.

Cavi energetici

Nella vita siamo esposti a diversi tipi di cavi energetici che ci inquinano e interferiscono con il nostro modo di pensare e di agire. I cavi di alimentazione sono legami energetici che abbiamo con altre persone, città, cose, opinioni o vite passate, e anche connessioni che altre persone hanno con te.

A volte alcuni di questi cavi di alimentazione provengono da vite passate o dal tempo tra quelle vite.

Questi cordoni di energia possono influenzarci in modo positivo o negativo, il che dipende dalla qualità di queste relazioni. Quando una relazione tra due membri, o elementi, è positiva, lo scambio energetico che avviene è benefico. Nelle corde energetiche delle relazioni tossiche, l'energia che viene scambiata è molto dannosa, quindi influenza la nostra vibrazione energetica in modo negativo.

Dal punto di vista del campo eterico, queste corde di energia hanno l'aspetto di anelli, attraverso i quali ogni estremità delle parti si unisce e favorisce questo scambio di energie.

A volte questi cavi di alimentazione sono così tossici che è estremamente difficile liberarsi o proteggersi da essi. Questi tipi di cavi energetici sono legami dannosi che coltiviamo nel tempo e la cura che dedichiamo a favorire le relazioni con altre persone, città, case, oggetti, credo, dogmi, religioni e altre vite.

Più lunga è la relazione, più forte è il cavo di alimentazione e più difficile è romperlo.

C'è un tipo di cordone energetico che si sviluppa con le persone con cui abbiamo avuto relazioni romantiche. In particolare, se la relazione è stata stabile e per molto tempo, quando la relazione finisce, queste corde energetiche sono potenti e tossiche.

Queste corde di energia, che in passato erano fonte di trasmissione di emozioni e sentimenti positivi d'amore, diventano canali per trasferire il risentimento verso l'altra persona.

Il cordone energetico è più tossico e stressante se la rottura è stata drammatica o se c'è stato un tradimento. Non importa se non comunichi con quella persona, questi tipi di cavi di alimentazione rimangono attivi e, se non li rimuovi, possono assorbire o contaminare le tue energie.

Quando facciamo sesso con un'altra persona, anche se l'incontro è breve e casuale, creiamo anche corde energetiche. In tutti i contatti che abbiamo a livello intimo o emotivo, ci scambiamo energie. I cavi di alimentazione potrebbero non essere tossici, ma stai comunque dando a quella persona l'accesso al tuo campo energetico e, di conseguenza, può rubare la tua energia.

Se l'incontro sessuale è contro la loro volontà, come accade nell'abuso sessuale, si crea un cordone energetico così forte da rendere impossibile la guarigione della vittima.

C'è una grande diversità di corde energetiche relazionali che sono dannose. Quelli fondamentali sono i legami attuali con la famiglia, gli antenati, gli amici e i conoscenti, i partner e gli amanti, gli estranei, gli animali domestici, i luoghi, le credenze e le vite passate.

Le corde energetiche diventano tossiche quando la relazione si rompe, in particolare quando c'è dipendenza, manipolazione, narcisismo, controllo e giochi di potere.

Altre volte, i fili dell'energia tossica non sono legati a persone con cui abbiamo una vera amicizia, ma a persone che sembrano essere amici e sono davvero invidiose e rubano le tue energie buone.

Si tratta dei cosiddetti amici che si avvicinano a te con l'obiettivo di infastidirti con i loro drammi, a cui non importa mai come ti senti, che ti chiedono sempre consigli e che richiedono la tua attenzione e il tuo sostegno giorno e notte. Una volta che interagisci con loro, ti senti svuotato e il tuo spirito è a terra.

Sempre prima di eliminare questi tipi di cavi di alimentazione, dovresti chiederti onestamente i motivi per cui hai permesso a questo tipo di persone di entrare nella tua vita.

A volte le corde energetiche aderiscono alla nostra aura quando incrociamo estranei per strada, o quando ci connettiamo con gli altri attraverso i social media, anche se non abbiamo mai avuto una relazione fisica con quelle persone.

Tuttavia, i cavi di alimentazione che si formano con estranei sono deboli e più facili da rompere.

Ci sono anche **cordoni energetici di gruppo** che uniscono due o più persone che hanno condiviso esperienze, come amici, coppie o con compagni di classe a scuola.

La dinamica dei cavi energia di un gruppo riflette la qualità delle relazioni. Inoltre, ogni membro del gruppo, a sua volta, dispone di diversi cavi di alimentazione che vengono distribuiti in altri gruppi molto più piccoli all'interno del cavo di alimentazione del gruppo principale.

Comunemente, molti cavi di alimentazione di gruppo sono costituiti da un cavo di alimentazione principale che ha il controllo su altri individui. Un esempio potrebbe essere quando un gruppo riferisce a un dirigente scolastico, un insegnante o un preside.

La struttura dei cavi di alimentazione del gruppo è simile a un tessuto con legami multipli. Le sequenze di energia determinano il tipo di relazioni e lo scambio di energia tra i suoi membri.

I cavi di alimentazione di gruppo hanno la capacità di fornire una straordinaria fonte di supporto energetico, se la dinamica di gruppo è integra e sana. Nel caso in cui la relazione di gruppo si stia deteriorando, o quando più membri hanno tensioni tra loro, può influenzare negativamente l'energia collettiva del cordone energetico del gruppo e indurre un massiccio attacco energetico interno.

Insieme ai cavi di alimentazione che si creano tra gli esseri umani, c'è la possibilità che abbiamo anche cavi di alimentazione con animali che sono stati i nostri animali domestici. Queste relazioni sono forti quanto quelle che si instaurano tra gli esseri umani, ancora più forti. Di solito, queste relazioni non sono tossiche, ma se ci hanno causato qualche danno fisico, o se abbiamo avuto una dipendenza emotiva da questi animali domestici, il cordone energetico diventa tossico e influisce sul nostro benessere.

Possiamo anche sviluppare corde energetiche con i paesi, le capitali e le case in cui risiediamo. Questi cordoni energetici possono essere positivi o negativi. La qualità del cavo di alimentazione dipende dal rapporto che abbiamo avuto con questi luoghi.

Non importa quanto siate lontani da una città o da un paese, le energie di quel luogo, e gli eventi negativi che avete vissuto, continueranno ad influenzarvi a meno che non tagliate i cordoni energetici negativi.

Spesso molte persone hanno contratti karmici che hanno firmato nelle vite passate, e persino patti con gli spiriti, che rimangono con loro in questa vita presente. Questi contratti karmici possono essere visti sotto forma di connessioni eteriche e nodi in vari punti dei vostri campi energetici.

Spesso si tratta di contratti di povertà e sofferenza dovuti a esperienze traumatiche. Regolarmente le persone che hanno avuto capacità chiaroveggenti in altre vite, ma hanno subito ritorsioni per questo, tendono a negare le loro capacità intuitive in questa vita, creando un nodo eterico nel loro terzo occhio.

Di solito, il motivo per cui certi contratti, maledizioni o traumi di vite passate persistono è che c'è una lezione che avremmo dovuto imparare in una vita precedente e non l'abbiamo imparata, che c'è una lezione da imparare che abbiamo bisogno di più di una vita, o semplicemente che non abbiamo avuto il tempo di guarire una maledizione, un contratto, o un trauma, da una vita precedente e liberarsene nel periodo tra un'esistenza e l'altra.

Le maledizioni karmiche generazionali assomigliano ai contratti karmici in quanto sono state create anche in una vita passata e continuano a influenzare la vita presente. Tuttavia, c'è una differenza: i contratti karmici sono fatti di propria spontanea volontà e le maledizioni karmiche generazionali sono ereditate da altre persone. Queste maledizioni sono attacchi psichici che possono durare per molte vite se non vengono spezzate.

Ci sono corde energetiche che possono connetterci ad antenati che non abbiamo mai conosciuto, a luoghi che non abbiamo mai vissuto o visitato e ad eventi che non abbiamo vissuto in questa vita attuale. Ci sono contratti karmici ancestrali che sono stati ereditati dai nostri antenati senza che noi avessimo partecipato alla loro scelta. Tali contratti ancestrali generano paure e aspettative che le paure, o la volontà di un antenato, si avverino.

A volte abbiamo corde energetiche che provengono da vite passate. Se un evento traumatico di una vita passata diventa ripetitivo nel corso di molte vite, si formano corde energetiche che trascendono più vite, creando una corda potente che rompe la capacità di quella persona di eliminare quel modello traumatico. Spesso, tutti i traumi che subiamo nella nostra vita attuale sono piccoli pezzi di traumi di vite passate.

Chi ha vissuto un evento traumatico in una o più vite passate, senza superarlo, vive il proprio presente nell'attesa di riviverlo. Queste persone creano nuove esperienze a livello subconscio nei primi anni della loro vita con l'intenzione di traumatizzarsi e rinnovare le loro aspettative. Di solito, il modo più comune in cui queste corde energetiche si manifestano è attraverso paure e fobie.

Un'altra forma di cordone energetico è quella formata con le credenze. Tutte le convinzioni che abbiamo, positive o negative, hanno un cordone energetico che si dispiega dal nostro essere nello schema di pensiero universale della credenza. Il pensiero collettivo è un prodotto dei pensieri, delle emozioni e delle energie di tutte le persone che hanno mai avuto, o hanno ancora, una convinzione specifica, o che hanno collaborato con essa.

Quando i nostri pensieri e le nostre emozioni sono strettamente correlati a una convinzione specifica in modo acuto e permanente, ci connettiamo a questo modello di pensiero collettivo, che nutre e rafforza il nostro cordone energetico con la convinzione.

Spesso abbiamo fili di energia tossica con vari oggetti con i quali abbiamo mantenuto legami affettivi, tra i quali di solito ci sono lettere, libri, fotografie, dipinti, vestiti, scarpe, ecc.

Se la relazione con le persone che possiedono o si associano a questi oggetti è finita in cattivi rapporti, il risentimento che tu, o altre persone, provate, viene immediatamente trasferito agli oggetti. Non è sufficiente tagliare il cavo di energia con gli oggetti, è necessario pulirli. Ma nella migliore delle ipotesi, buttali via.

Tutte le antichità di famiglia che si tramandano di generazione in generazione accumulano le energie di tutte le persone che le hanno possedute, o hanno avuto contatti con esse. Possedendoli, si creano corde energetiche con queste persone, i loro traumi e le esperienze che hanno vissuto.

È salutare vendere, regalare o buttare via questi oggetti, poiché quando si rompe il legame fisico, si taglia automaticamente il cordone energetico che ci collega ad essi.

Nel mondo spirituale siamo l'insieme delle vite che viviamo, anche se non abbiamo ricordi degli eventi, o delle esperienze, che abbiamo vissuto.

Per l'anima non c'è spazio né tempo. L'anima ha la capacità di accumulare tutte le esperienze che abbiamo vissuto in tutte le nostre vite passate. La persona che sei oggi è la somma di tutte le tue vite passate.

Malocchio, maledizioni e invidie

Il malocchio, le maledizioni e l'invidia rientrano nella categoria degli attacchi psichici. Accadono tutti quando una persona ti invia forti vibrazioni in cui l'ingrediente principale sono le energie negative. Questo può accadere consciamente o inconsciamente, ma a causa dell'intensità di questi, sono molto dannosi.

Il malocchio, le maledizioni e l'invidia sono molto più gravi quando si mantiene una relazione con quella persona, poiché il cordone energetico che si crea permette di avere pieno accesso alla propria energia.

Tuttavia, ci possono anche essere corde energetiche tra persone sconosciute, indipendentemente dai confini del tempo, perché l'energia ha la capacità di trascendere il tempo e lo spazio e di raggiungere qualsiasi persona o oggetto con concentrazione e intenzione.

Possessioni psichiche

Le possessioni psichiche sono comuni, ma a volte passano inosservate. Si verificano quando uno spirito a bassa vibrazione, o un'anima errante, si impossessa del corpo di una persona causando cambiamenti nel comportamento e nella malattia. Questa entità penetra attraverso l'aura.

Quando una persona decide di liberarsi da questo spirito, è molto importante che scelga qualcuno che sia professionale. Se la persona che sta facendo il lavoro si limita solo ad espellere lo spirito, cercherà un altro corpo in cui alloggiare.

I sintomi della possessione psichica sono completamente diversi dai sintomi di altri tipi di attacchi energetici. Tra questi ci sono l'apatia emotiva, i comportamenti distruttivi, l'aggressività, la perdita di memoria, l'udito di voci e i cambiamenti fisici nella persona posseduta.

Connessioni psichiche

Gli attaccamenti psichici sono una forma più lieve di possessione psichica. In questa situazione, uno spirito deteriorato, un'anima errante, un oggetto e persino un altro individuo, sono soggetti all'aura di una persona, influenzando i suoi comportamenti e le sue abitudini.

Questo accade perché la persona è vulnerabile nel suo campo energetico. È comune vedere connessioni psichiche quando le persone attraversano periodi di depressione, quando assumono farmaci o abusano di droghe o alcol.

Si apre un buco nell'aura per queste persone e questo permette a un'entità esterna di mantenere la loro aura, assorbire la loro energia e influenzare le loro emozioni e comportamenti.

Le discoteche, o i luoghi dove c'è un alto consumo di droghe o bevande alcoliche sono sempre inondati da una moltitudine di spiriti a bassa energia e anime disorientate, che inseguono ubriachi e drogati per mantenere la loro aura e nutrirsi della loro energia.

Anime

Sono anime che non hanno fatto la loro transizione. Questo può accadere quando l'anima si affeziona a un membro della famiglia o ha una dipendenza da qualche sostanza. Queste anime vagano sul nostro piano terrestre prendendo il sopravvento sull'energia di persone che hanno le stesse dipendenze, o che sono vittime di stati di stress, depressione o mancanza emotiva.

Questa forma di attaccamento psichico è molto comune, soprattutto nei giovani.

Trasgressione Psichica

La trasgressione psichica si verifica quando abbiamo fantasie sessuali su una persona, o quando un'altra persona fantastica su di noi sessualmente. Tali fantasie penetrano nello spazio energetico di una persona, trasmettendo e creando un gancio energetico che mina la sua energia essenziale.

Sintomi di un attacco di energia

Gli attacchi di energia hanno diversi sintomi. Tra questi ci sono l'esaurimento, l'insonnia, gli incubi, lo scoraggiamento, l'ansia, la depressione e gli incidenti.

Anche se non hai questi sintomi, non significa che hai l'immunità al reddito o gli attacchi di energia. A volte potrebbero non essersi manifestati, o che tu sia stato con loro per così tanto tempo, che ti sei abituato a loro. Siamo tutti vulnerabili agli attacchi energetici.

Alcune abitudini, dipendenze e costumi ti rendono più vulnerabile alle corde e agli attacchi energetici, facendoti ammalare o danneggiando il tuo campo aurico, ricaricando la tua energia o spingendo le aggressioni degli spiriti oscuri.

Sistema di immunità energetica

I chakra, e il campo aurico, fanno parte del nostro sistema immunitario energetico e hanno una relazione proporzionale con il sistema immunitario del nostro corpo.

Il nostro sistema di immunità energetica controlla il modo in cui interagiamo energeticamente con le altre persone e con l'ambiente che ci circonda, metabolizzando l'energia che assorbiamo per proteggerci da attacchi energetici o sabotaggi.

L'Aura

Siamo più del nostro corpo fisico. Abbiamo altri corpi che vivono in dimensioni parallele, e intorno al nostro corpo, che è chiamato campo aurico.

L'aura è un'energia che è permeata in tutti gli esseri viventi e la sua struttura è determinata dalla composizione di questi esseri. L'aura umana è la più complessa, raggiungendo più di un metro intorno al corpo fisico.

La nostra aura ha sette strati, o corpi, che si riferiscono ai sette chakra e si estendono verso l'esterno dal centro del nostro corpo fisico. Questi strati sono chiamati: corpi fisico, eterico, emotivo, mentale, causale, intuitivo, spirituale.

Hanno tutti le loro funzioni e caratteristiche. Tutti questi corpi dell'aura occupano quello che la precede e, allo stesso tempo, si espandono al di là di essa.

Grazie alla sua natura dinamica, l'aura può proiettare e propagare la sua energia agli oggetti e all'ambiente che ci circonda, trasmettendo e ricevendo energia tra di loro allo stesso tempo.

L'aura è ciò che rende più facile percepire l'energia delle persone e dei luoghi. Siamo tutti in costante feedback con il mondo che ci circonda. L'aura è come una spugna che assorbe ogni tipo di energia dalle persone e dai luoghi, grazie alle sue capacità ricettive e percettive.

Le energie che permeano la nostra aura, se non le eliminiamo, hanno la capacità di influenzare i nostri schemi di pensiero, emozioni e comportamenti.

I primi tre strati dell'aura metabolizzano l'energia relativa al mondo fisico, e i primi tre strati si riferiscono al mondo spirituale. Il corpo, o strato astrale, si connette con il chakra del cuore e trasmette energia tra il mondo fisico e quello spirituale.

Di solito, gli attacchi energetici si manifestano nei primi tre strati, o corpi, poiché sono i più influenzati dalle nostre esperienze e dai nostri comportamenti.

Un attacco energetico, conscio o inconscio, si verifica perché l'aggressore scopre una debolezza, o fragilità, in uno degli strati aurici e trasmette energie negative, o assorbe energia positiva.

Rimozione del blocco del bagno

In una ciotola aggiungete 9 cucchiai di miele, la cannella e 9 cucchiai di zucchero. Si mescola molto bene, si lascia riposare al chiaro di luna e, il giorno dopo, si fa un bagno in questa miscela.

Bagno per attirare l'armonia in casa

Fai bollire una pianta di rosmarino, chiodi di garofano e basilico con acqua santa o acqua di luna. Lo metti a raffreddare e aggiungi l'olio essenziale di lavanda.
Lo butti nella vasca, lo immergi per 15 minuti e sei a posto.

Bagno contro l'invidia

Se vuoi tagliare il malocchio, o l'invidia, dovresti far bollire 8 limoni, 3 cucchiai di miele, 3 cucchiai di zucchero, in 3 litri d'acqua. Quando fa un po' freddo, mescolatelo con l'acqua della vasca e mettetelo a bagno per mezz'ora.

Bagno fortunato

Questo bagno è speciale se vuoi avere successo in qualcosa di specifico. Cerca un bouquet di camomilla, 2 cucchiai di miele, una stecca di cannella e 2 arance. Fai bollire tutti questi ingredienti e quando il composto si raffredda, lo versi nella vasca da bagno. Devi farlo per 3 giorni consecutivi.

Bibliografia

Alcune informazioni sono state estratte dai libri pubblicati dagli autori: Amore per tutti i cuori, Soldi per tutte le tasche e Oroscopo 2022 e 2025.

Articoli scritti sul Nuevo Herald da uno degli scrittori.

Circa l'autore

Oltre alle sue conoscenze astrologiche, Alina A. Rubí ha un'abbondante formazione professionale; ha certificazioni in Psicologia, Ipnosi, Reiki, Guarigione Bioenergetica con Cristalli, Guarigione Angelica, Interpretazione dei Sogni ed è un'Istruttrice Spirituale. Ruby ha una conoscenza della gemmologia, che usa per programmare pietre o minerali e trasformarli in potenti amuleti o talismani di protezione.

Rubi ha un carattere pratico e orientato ai risultati, che gli ha permesso di avere una visione speciale e integrativa di vari mondi, facilitando soluzioni a problemi specifici. Alina scrive gli Oroscopi Mensili per il sito dell'American Association of Astrologers, potete leggerli sul sito:

www.astrologers.com. Al momento, tiene una rubrica settimanale sul quotidiano El Nuevo Herald su temi spirituali, pubblicata ogni domenica in formato digitale e il lunedì in formato cartaceo.

Ha anche un programma e l'Oroscopo settimanale sul canale YouTube di questo giornale. Il suo Annuario Astrologico viene pubblicato ogni anno sul giornale "Diario las Américas", sotto la rubrica Ruby Astrologer.

Rubi ha scritto diversi articoli sull'astrologia per la pubblicazione mensile "L'astrologo di oggi", ha insegnato astrologia, tarocchi, lettura della mano, guarigione con cristalli ed esoterismo. Ha video settimanali su argomenti esoterici sul suo canale YouTube: Rubi Astrologa.

Ha avuto il suo programma di Astrologia trasmesso quotidianamente attraverso Flamingo T.V., è stata intervistata da vari programmi televisivi e radiofonici, e ogni anno il suo "Annuario Astrologico" viene pubblicato con l'oroscopo segno per segno, e altri interessanti argomenti mistici.

È autrice dei libri "Riso e fagioli per l'anima" Parte I, II e III, una raccolta di articoli esoterici, pubblicati in inglese, spagnolo, francese, italiano e portoghese. "Soldi per tutte le tasche", "Amore per tutti i cuori", "Salute per tutti i corpi, Ridi della vita prima che la vita rida di te, Chiavi per la prosperità, Pulizie spirituali ed energetiche, Annuario astrologico 2021, Oroscopo 2022, Rituali e incantesimi per il successo nel 2022, 2023, 2024 e 2025, Incantesimi e segreti, Lezioni di astrologia, Rituali e Amuleti 2020,2021,2022,2023,2024, 2025 e Oroscopo Cinese 2023 e 2024, e molti altri, tutti disponibili in nove lingue: Inglese, Russo, Portoghese, Cinese, Italiano, Francese, Spagnolo, Giapponese e Tedesco.

Rubi parla perfettamente inglese e spagnolo, combinando tutti i suoi talenti e le sue conoscenze nelle sue letture. Attualmente risiede a Miami, in Florida.

Per ulteriori informazioni, **visitare:**

www.esoterismomagia.com

Milton Keynes UK
Ingram Content Group UK Ltd.
UKHW042038031224
452078UK00001B/236